何巨峰

知识产权
代理实务

知识产权出版社

全国百佳图书出版单位

——北京——

图书在版编目（CIP）数据

知识产权代理实务／何巨峰，周鹏，郝传鑫主编. —北京：知识产权出版社，2025.6.
ISBN 978-7-5130-9967-7

Ⅰ．D923.4

中国国家版本馆 CIP 数据核字第 2025EK6385 号

内容提要

本书将知识产权理论基础和实务操作相结合，对知识产权行业的发展以及制度起源进行了详细的叙述，并且对实际操作中遇到的问题给出了具体的解决方法；将专利制图理论放在单独的章节中，并给出了具体的案例及讲解。本书注重实操案例的分析与讲解、专业术语深入浅出、体系严整、重点突出，易于读者理解使用。

本书适合作为知识产权领域类培训教材。

责任编辑：彭喜英　　　　　　　　　　**责任印制：孙婷婷**

知识产权代理实务
ZHISHI CHANQUAN DAILI SHIWU

何巨峰　周　鹏　郝传鑫　主编

出版发行：**知识产权出版社**有限责任公司	网　　址：http://www.ipph.cn
电　　话：010－82004826	http://www.laichushu.com
社　　址：北京市海淀区气象路 50 号院	邮　　编：100081
责编电话：010－82000860 转 8539	责编邮箱：laichushu@cnipr.com
发行电话：010－82000860 转 8101	发行传真：010－82000893
印　　刷：北京中献拓方科技发展有限公司	经　　销：新华书店、各大网上书店及相关专业书店
开　　本：720mm×1000mm　1/16	印　　张：10.25
版　　次：2025 年 6 月第 1 版	印　　次：2025 年 6 月第 1 次印刷
字　　数：156 千字	定　　价：68.00 元

ISBN 978-7-5130-9967-7

本书编委会

主　编　何巨峰　周　鹏　郝传鑫

副主编　何培育

编　委　邓　洁　岳　兵　马雅鑫

　　　　刘艳文　黄培辉　钟婉欣

前言

在这个创新无处不在的时代，知识产权已然成为推动社会前行、激发创新活力的核心力量。作为一名长期扎根于知识产权领域的从业者，同时也是一名对行业动态与发展趋势有着敏锐洞察力的观察者，我深知知识产权代理工作在保护创新成果、促进科技成果转化以及维护市场公平竞争环境中的关键作用。正是基于这样的认知和多年来在知识产权领域的实践经验，我与何巨峰、郝传鑫共同编写了这本《知识产权代理实务》，希望能够为广大知识产权代理从业者、相关专业学生以及对知识产权感兴趣的人士提供一本实用性强、内容全面且易于理解的专业书籍。

本书的编写过程是一场知识的探索之旅，也是一次对行业经验的深度总结。知识产权本身就是一个复杂多变的领域，涉及专利权、商标权、著作权等多个分支，每个分支都有其独特的法律体系、操作流程和实践技巧。为了确保本书内容的准确性和实用性，我们查阅了大量的法律法规、政策文件、学术著作及实际案例，力求将最前沿的知识和最实用的操作技巧呈现给读者。在这个过程中，我们深刻体会到知识产权代理工作的复杂性和专业性，也更加坚定了我们将这本书写好的决心。

在内容安排上，我们精心设计了本书的结构，使其既具有系统性，又兼顾了不同读者的需求。全书涵盖了知识产权代理的各个方面，从知识产权的基础理论出发，详细介绍了知识产权的定义、特征、发展历程以及在国家发展战略中的地位，为读者奠定了坚实的理论基础。在专利代理部分，深入探讨了专利申请的流程、审查制度、实质条件以及专利挖掘与布局的策略，结合实际案例，帮助读者理解如何在复杂的技术创新中挖掘出具有价值的专利点，并通过合理的布局实现专利资产的最大化保护。

在编写过程中，我们特别注重理论与实践的紧密结合，并配有丰富的案例分析，这些案例来源于我们多年代理工作中的真实经历，涵盖了不同行业、不同类型的知识产权问题。通过对这些案例的深入剖析，读者可以直观地看到知识产权代理在解决实际问题中的思路与方法，从而更好地将理论知识运用到实践中。同时，我们也紧跟知识产权领域的最新政策法规变化，对近年来知识产权法律体系的修订、国际知识产权规则的调整以及相关司法实践的动态进行了全面梳理与解读，确保本书内容的时效性与权威性。

此外，我们还特别关注知识产权代理行业的发展趋势。随着人工智能、大数据、云计算等新兴技术的飞速发展，知识产权代理工作面临前所未有的机遇与挑战。我们专门设置了相关章节，探讨如何利用新兴技术提升代理工作效率、优化服务质量，以及在新兴技术环境下知识产权保护的新策略与新方法。我们坚信，只有紧跟时代步伐，不断学习与创新，知识产权代理行业才能在未来的竞争中立于不败之地。

对于本书的读者，无论是刚刚踏入知识产权代理行业的新人，还是已经有一定经验的从业者，我们都希望这本书能够成为你们的良师益友。对于新人来说，它可以帮助你们快速掌握知识产权代理的基本知识与技能，为职业生涯奠定坚实基础；对于资深从业者而言，书中的案例分析、政策解读及行业趋势探讨能够为大家提供新的视角与思路，助力大家在专业领域不断精进。

最后，我要感谢所有为本书编写提供支持与帮助的同事、专家及同行们。你们的专业知识、宝贵经验和无私分享，使得这本书能够更加丰富和完善。我也深知，尽管我们已尽力做到严谨细致，但书中可能仍存在不足之处，恳请广大读者在阅读过程中提出宝贵意见与建议，以便我们在后续的修订中不断完善。

　　知识产权代理事业任重而道远，我衷心希望这本书能够激发更多人对知识产权领域的热爱与关注，使大家共同为推动知识产权事业的发展、促进创新文化的繁荣贡献自己的一份力量。

周鹏

2025 年 5 月 14 日

目 录

第一章　知识产权行业发展

第一节　知识产权的定义与特征

一、知识产权的定义

知识产权是权利人就其智力劳动成果所依法享有的专有权利，通常是国家赋予创造者对其智力成果在一定时期内享有的专有权或者独占权。

根据保护客体的范围不同，分为广义的知识产权和狭义的知识产权。根据《建立世界知识产权组织公约》和《与贸易有关的知识产权协定》的规定，广义的知识产权包括著作权、邻接权、专利权、商标权、商号权、商业秘密权、集成电路布图设计权、植物新品种权等。

《建立世界知识产权组织公约》所界定的知识产权范围包括：

① 关于文学艺术和科学作品的权利；

② 关于表演艺术家的表演、录音和广播的权利；

③ 关于人类在一切领域内的发明的权利；

④ 关于科学发现享有的权利；

⑤ 关于工业品外观设计的权利；

⑥ 关于商品商标、服务商标、商号及其他商业标记的权利；

⑦ 关于制止不正当竞争的权利；

⑧ 其他一切来自工业、科学及文学、艺术领域的智力创作活动所产生

的权利。

《与贸易有关的知识产权协定》所界定的知识产权范围包括：

① 版权和邻接权；

② 商标权；

③ 地理标志权；

④ 工业品外观设计权；

⑤ 专利权；

⑥ 集成电路布图设计（拓扑图）权；

⑦ 未公开的信息专有权，主要指商业秘密权。

狭义的知识产权通常是指专利权、商标权和著作权（含邻接权），也就是传统概念上的知识产权。根据知识产权的特点和起源，狭义的知识产权又可以分为两类：一类是文学产权，包括著作权和邻接权；另一类是工业产权，主要包括专利权和商标权。除此之外，广义上的工业产权还包括集成电路布图设计及商业秘密权等。

二、知识产权的特征

相较于所有权、物权等有形财产权，知识产权作为一种无形财产权，具有不一样的特征，通常称为知识产权的"三性"，即无形性、专有性和地域性。

（一）无形性

知识产权客体的非物质性是区别于有形财产权的本质特征，与有形财产权相比，其客体是一种信息，无色、无味、不占空间，不会因使用而发生损耗。例如，画作损毁，画家不会丧失该画作的著作权。但知识产权的客体必须存在于一定的载体中，如文章制成书籍，智力成果呈现在载体上时，人们才能意识到并使用。当知识产权客体被人所使用时，可在同一时间、不同地点被不同人所利用或支配。

（二）专有性

通常来说，知识产权是一种私权，权利人对其具有独占性，也可称为专有性，其中具体表现在以下两个方面。

（1）类似于权利人对物品的所有权不受他人侵犯，权利人对其知识产权也享有不受侵犯的权利。在规定的有效期内，未经权利人许可使用其知识产权（法律规定的特殊情况除外）的行为将被视为侵权。

（2）知识产权还具有单一性的特点，即同一智力成果不可以同时存在两个或多个知识产权。这一点尤其明显地体现在专利方面，即一项专利权只能授予一个人或一个单位，不能将同一项专利权授予多个人或单位。❶

（三）地域性

知识产权地域性是指知识产权受法律保护的地域范围具有严格的领土性特征，其效力仅局限于国境内，其他国家则不会对其给予保护，除非国家之间签有国际公约或者双边互惠协定可以相互承认，即知识产权权利人对其智力成果享有的权利受到地域的限制。

第二节　中国知识产权政策发展

随着经济全球化的深入，知识产权因其战略性特征逐渐成为国际竞争力的核心要素，促进创新发展的知识产权制度也逐渐被各国政府重视，我国的知识产权政策也在逐步完善中。2008 年 6 月 5 日，国务院颁布《国家知识产权战略纲要》，把知识产权战略提到国家重要战略的位置，并且提出"到 2020 年，把我国建设成为知识产权创造、运用、保护和管理水平较高的国家"的目标。在《国家知识产权战略纲要》实施的十多年来，我国密集发布多部加强知识产权保护的政策来促进知识产权事业的发展。

2019 年 11 月 24 日，中共中央办公厅、国务院办公厅印发了《关于强化知识产权保护的意见》，意见提出"牢固树立保护知识产权就是保护创新的理念，坚持严格保护、统筹协调、重点突破、同等保护，不断改革完善知识产权保护体系，综合运用法律、行政、经济、技术、社会治理手段强

---

❶ 张秀玲.知识产权法[M],北京:法律出版社,2018:7-8.

化保护，促进保护能力和水平整体提升"。2022 年，中国在知识产权保护领域取得了显著进展，但完全解决"举证难、周期长、成本高、赔偿低"等问题仍面临挑战。到 2025 年，营造更加优化的知识产权保护营商环境、建立更加完善的知识产权保护体系、形成更高层次的知识产权保护能力、保持更高水平的知识产权保护社会满意度，以使得知识产权制度激励创新作用更加明显。《关于强化知识产权保护的意见》在知识产权人才队伍建设方面提出了宝贵的建设性意见，其中主要包括知识产权人才队伍专业化、知识产权行政司法保护队伍职业化、知识产权管理保护工作法治化等，以充分发挥各类人才在维权实践中的作用。

2020 年 5 月 15 日，国务院知识产权战略实施工作部际联席会议办公室印发《2020 年深入实施国家知识产权战略 加快建设知识产权强国推进计划》，该计划从完善知识产权政策、知识产权领域的"放管服"改革、加强行政保护、司法保护，以及知识产权创造、运用和转移转化等方面做了规划，其中在知识产权人才方面提出要依托实施专业技术人才知识更新工程，加大对知识产权领域专业技术人才培养培训工作的支持力度。

2020 年国家密集修订与出台的一系列政策和新规，在一定程度上体现了国家对知识产权保护的重视。2021 年大部分新规开始正式实施，2021 年 1 月 1 日《中华人民共和国民法典》（以下简称《民法典》）开始实施，其中涉及知识产权和技术合同的相关规定有 52 条。下面列举几条具体内容。

（1）明确商业秘密是知识产权客体。《民法典》将商业秘密与作品、发明、实用新型、外观设计、商标、集成电路布图设计、植物新品种等知识产权客体并列，自此商业秘密正式成为知识产权客体。其意义在于，企业在对外交往活动中，应当尽可能减少披露己方商业秘密；无论是否签订合同，双方都对知道的商业秘密负有保密义务；在订立合同过程中，商业秘密被对方泄露或不正当使用造成企业损失的，企业可要求对方进行赔偿。

（2）知识产权可以用作出质抵押。知识产权质押融资是指企业以合法拥有的知识产权中的财产权经评估作为质押物从银行获得贷款的一种融资方式，旨在扩展融资方式，缓解科技型中小企业融资困难的窘境。其意义在于，国家支持企业进行知识产权质押融资；著作权、商标权、专利权中的财产权均可用作质押；企业要注意提升知识产权质量和价值，方可提高融资金额。

（3）知识产权出质抵押需要进行登记。其意义在于，对于用作质押的知识产权，企业不得进行转让或许可；四川省知识产权服务促进中心已开通知识产权质押融资"绿色通道"。

（4）技术秘密许可人可以申请以专利的方式公开技术秘密。其意义在于，在签订技术秘密许可合同时，企业应在合同中明确要求对方不得以该技术秘密申请专利，并要求对方承担保密义务；另外在签订技术秘密转让或许可合同时，双方应列举让与人或许可人提供的技术资料，或通过补充协议加以明确。

（5）知识产权的收益、继承或赠与所得等财产，归夫妻共同所有……夫妻对共同财产有平等处理权。

（6）增设对恶意侵害知识产权行为的惩罚性赔偿条款，如企业的知识产权受到他人恶意侵权的，可以主张惩罚性赔偿。

第四次修正后的《中华人民共和国专利法》（以下简称《专利法》)于2021年6月1日开始施行，该次修正修改了29条，新增了专利权期限补偿制度；提高法定赔偿额的上下限，制定了上限500万元、下限3万元的规则；延长外观设计专利保护期限为15年；新增局部外观设计等。《中华人民共和国著作权法》（以下简称《著作权法》)第三次修正共修改42处：规定了视听作品的相关要求；完善了网络空间著作权保护的有关规定，其中还将侵权的法定赔偿额提高至500万元。《专利导航指南》（GB/T 39551—2020）在2021年6月1日正式实施，其系列国家标准为推荐性国家标准，包括总则、区域规划、产业规划、企业经营、研发活动和人才管理等专项指南，以及服务要求共7个标准。

第三节　中国知识产权市场状况

一、中国知识产权产出情况

自2011年起，我国受理专利申请量超过美国，位居世界第一。根据国家知识产权局的统计，截至 2020 年年底，我国发明专利授权 53.0 万件，我国发明专利有效量为 305.8 万件，其中，国内（不含港澳台）发明专利有效量为 221.3 万件，每万人口发明专利拥有量达到 15.8 件；实用新型专利授权 237.7 万件。截至 2020 年年底，实用新型专利有效量为 694.8 万件。外观设计专利授权 73.2 万件。截至 2020 年年底，外观设计专利有效量为 218.7 万件。2020 年，国家知识产权局受理 PCT 国际专利申请 7.2 万件，其中，国内 6.7 万件；商标注册量为 576.1 万件。截至 2020 年年底，有效注册商标量为 3 017.3 万件。2020 年，国家知识产权局收到中国申请人马德里商标国际注册申请 7 553 件。❶ 从以上数据可见，我国知识产权服务需求量不断上升，其不仅促进了知识产权服务行业的发展，也侧面体现了我国知识产权保护意识的增强。

二、中国知识产权服务业发展情况

知识产权服务通常是指针对知识产权产品的代理、运营及保护等活动。具体来说，知识产权服务是指对知识产权产品的代理、转让、评估、认证等活动，是以知识产权产品为中心的综合性服务。

得益于知识产权保护意识的加强，我国知识产权服务业近些年开始蓬勃发展。2015 年之后，我国从事知识产权服务的机构开始呈现大幅增长，每年新增代理机构均在 100 家左右，截至 2020 年年底，专利代理机构有 3 253 家，商标代理机构突破 5 万家，知识产权服务机构总数约为 7 万家（图 1-1）。

图 1-1　全国知识产权服务机构数量

❶ 吴汉东.中国知识产权制度现代化的实践与发展[J].中国法学,2022(5):20.

在知识产权服务人才方面。首先，全国知识产权服务从业人员数量从
2015 年的 44.2 万人提升至 2020 年年底的 87.0 万人，从业人数近乎翻倍，
从侧面反映了我国知识产权服务业的迅猛发展（图1-2）。其次，根据相关
调查，在知识产权服务业从业人员中，大学本科及以上学历占比 75.5%，
这也体现了知识产权服务人才的能力素质层次较高。

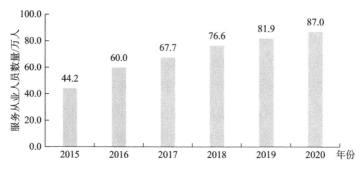

图 1-2 全国知识产权服务从业人员数量

在知识产权金融服务方面。知识产权质押、保险、证券产品规模逐渐
扩大。其中，2020 年，全国专利商标质押融资总额达到 2 180 亿元，同比增
长 43.9%，质押项目数超过 1.2 万项，同比增长 43.8%；知识产权保险的
保障金额突破 200 亿元；全国新增发行 12 单知识产权证券化产品，计划融
资规模 69 亿元，实际募资超过 33 亿元。知识产权服务也快速进入正轨，惠
及大量中小型科技企业。

三、知识产权行业发展面临的机遇和挑战

（一）知识产权政策越来越完善

由于经济与政治的不可分割，知识产权保护作为实施外交政策的一种
手段，已经成为国家间竞争的重要组成部分。例如，美国就是将知识产权
与政治结合起来的典型国家，其一向将知识产权作为促进经济发展、防御
国外竞争的有力武器，一方面以创新为主要动力推动经济发展，另一方面

充分利用知识产权制度维护其竞争优势。❶ 早在 1790 年，美国便颁布了现代意义上的专利法和版权法，之后借助世界知识产权组织平台参与全球知识产权事务，推动《与贸易有关的知识产权协定》成员将其国内标准上升为国际规范，不断增加规则变革的话语权。而当其诉求遭到一些《与贸易有关的知识产权协定》成员抵制时，美国转而谋求区域和双边谈判，借助区域性自由贸易协定的达成，维护和强化其在全球价值链中的优势地位。

在新形势下知识产权国际规则的变化态势中，我国也不断在知识产权战略上做前瞻性的布局，从 2008 年颁布《国家知识产权战略纲要》，到制定出台《"十三五"国家知识产权保护和运用规划》，印发《关于加强知识产权审判领域改革创新若干问题的意见》《关于强化知识产权保护的意见》，再到推动专利法、商标法、著作权法等修改完善，再到重新组建国家知识产权局、探索建立知识产权法院、设立知识产权保护中心等一系列创新举措的落地实施，为"知识产权强国"的建立提供了丰厚的制度土壤，使我们免受国外产权制度的冲击和影响。数据显示，2010—2020 年我国专利申请量年均增长近 20%，PCT 国际专利申请量由 2007 年的 0.5 万件提升到 2020 年的 7.2 万件，丰硕成果的背后是知识产权制度保护运用的推动作用。

（二）知识产权制度的保护作用越来越重要

知识产权制度是激励创新的制度，创新才是知识产权的源泉。因此，计算机、信息技术、航天、生物等高新技术产业的发展离不开知识产权制度的支持。一方面，知识产权制度与高新技术的发展相辅相成，知识保护促进了科学技术的发展；另一方面，高新技术的迅猛发展也丰富了知识产权保护的范围，如人工智能、生物工程、新材料等技术的发展，给传统知识产权保护提出挑战的同时，也开辟了知识产权保护的新领域。❷ 随着新时代新技术的不断发展，未来会涌现更多创新的高新技术产品，以知识产权为核心的高新技术产业将成为经济发展的重要驱动因素，知识产权制度对

---

❶ 冯晓青.试论知识产权保护的源革及在当代社会的发展[J].青岛科技大学学报（社会科学版），2004，20（2）：7.

❷ 冯晓青.试论知识产权保护的源革及在当代社会的发展[J].青岛科技大学学报（社会科学版），2004，20（2）：7.

经济产业的保护作用也会更加明显。

（三）"走出去"知识产权服务需求会增多

今后，我国经济将进入"内外双循环"阶段，进出口贸易将恢复并且继续发展。国际商品贸易中包含大量的知识产权内容，此时将有更多知识产权服务的需求，并且"走出去"的知识产权服务需求逐渐增多。此时，产业对于知识产权服务的要求将提高，而能够提供高端知识产权服务支持的团队及服务机构将快速发展。

第四节　知识产权对大学生未来发展的影响

一、提高权利意识

知识产权法是私法，知识产权保护的权利是私权利，相较于物权、债权等传统民事权利，知识产权有着无形性的特点，这也使其难以被普通民众所理解。通过知识产权的教育，可以弥补物权、债权等有形财产权的不足，加深大学生对权利的认识和理解，提高大学生权利意识。

二、提高创新意识，增强创新能力

知识产权法所涵盖的基本概念、基本理念和基本知识都体现着创新的价值和理念。它不仅提供了"价值审查"的创新标准，而且提供了"形式审查"的外部标准，这些标准既是知识活动成果受保护的前提，也是知识活动成果体现创新的标准。它告诉人们知识活动成果不是随意的发挥、任意的表达和冲动的再现，知识活动价值成果必须符合知识产权法权利客体的特征和要求，创新价值才能体现，创新成果才能得到肯定和保护。这就要求知识活动主体在原有的知识和成果的基础上有所突破和进步，必然会提高他们的技能，训练他们的思维，进而提高创新意识，增强创新能力。

三、新的就业方向

在经济全球化的推动下，知识产权明显呈现国际化、专业化和复合化的发展趋势，网络技术、生物技术、基因技术及传统知识等知识产权问题无不体现上述特征，使知识产权越来越具有跨学科的特点，兼具自然科学和社会科学的性质，复杂化趋势更加明显，对人才要求也就更高。[1] 传统知识产权法学人才已经不满足当今世界对于知识产权人才的需求，以技术为主，辅助学习法律、经济知识的综合性人才已经成为知识产权从业人员的趋势。

第五节　职业发展规划

一、专利代理机构

《专利法》规定，专利申请必须采取书面形式或通过电子申请的形式，在专利审批程序中只有书面文件才具备法律效力。由于没有学习相关法律与经济知识，技术成熟的科研人员往往不具备撰写高质量专利文件的能力，因而专利代理行业应运而生。专利代理工作一方面承接与专利申请人的技术沟通的工作；另一方面又要与知识产权行政管理机构就专利申请文件的质量进行交流，是保障我国专利质量提升与发展的重要桥梁。随着我国专利申请需求及专利质量要求的上升，专利代理行业逐渐被社会需要和认可。

获得专利代理资格必须通过国家统一考试，并在国家知识产权局登记。而专利代理考试对考生有专业要求，且有法律知识与代理实务考核，因此专利代理师通常都是集技术与法律于一身的专业性人才。

二、企业知识产权部门

在知识经济时代，越来越多的知识产权活动成为各类企业的共同特征，

---

[1] 李厚泽，张体.论对大学生进行知识产权教育[J].科教文汇,2006(4):6-7.

围绕知识产权的竞争也更加激烈。世界知名企业充分认识到知识产权就是企业的命脉。例如，西门子公司在外围为知识产权服务的工作人员达1 500人；微软公司全球25 000名员工中有近1/5的人从事知识产权工作；国内的中兴、腾讯、海尔、联想也都拥有庞大的知识产权团队。❶ 这些企业知识产权团队拥有各种各样的精英人才，以应对这些公司经营中遇到的知识产权技术、法律及经济问题，企业知识产权部门也是知识产权人才就业的道路之一。

三、律师事务所

知识产权的权利内容复杂，部分知识产权还有着专业的技术内容。传统的民事律师往往只有法律背景，对技术内容的理解不够，案件调查等环节不易开展，因而在知识产权保护工作中，具有专业知识和良好素质的律师的参与是必不可少的。具备专业法律知识的律师的参与和介入，能够加强知识产权文化宣传，迅速解决知识产权纠纷，保护当事人的合法权益。由于技术的迅猛发展，特别是网络的普及和电子商务的兴起，新型知识产权案件层出不穷，知识产权权利保护的复杂性不断增大，专业知识产权律师的参与就显得尤为重要。

---

❶ 孟祥东,吕杰,马云启,等.论知识产权与当代大学生就业[J].中国大学生就业,2007(15):2.

第二章 知识产权制度起源

第一节 知识产权制度的沿革

一、世界知识产权制度的起源

知识产权制度起源于封建社会的"特权"，十三、十四世纪时，西方国家为了发展经济，授予某些商人或者手工业者在一定的期间内免税并独家经营某种新产品，或者独家生产某种新产品的权利。❶

从总体上来讲，对工业发明创造的保护直到 18 世纪末都停留在由王室以零星、散乱的形式对发明人或某行业给予独占经营的恩赐或特权之中。❷ 1474 年 3 月 19 日威尼斯城市共和国颁布了世界上第一部专利法，其也是现代专利制度的雏形。

后来英国垄断法的出现奠定了现代专利法的基础。早前英国盛行由王室恩赐发明者独占经营特权，随着此项特权的发展，王室看到这种授予发明者独占经营特权的方式能给其带来额外财富，之后便开始滥用这种特权，使原来促进新技术发展的制度变为劫掠财物的工具。❸ 这种滥用授予专利特

---

❶ 冯晓青.刘友华.专利法[M].北京:法律出版社,2010:15-20.

❷ 文希凯.专利法教程[M].北京:知识产权出版社,2011:1,6-23

❸ 杨利华.从"特权"到"财产权":专利权之起源探微[J].湘潭大学学报(哲学社会科学版),2009,33(1):40-43.

权的弊端最终导致 1623 年《垄断法》的颁布。❶ 之后，资本主义国家先后开始颁布专利法，实行专利制度。

到了 19 世纪末期，各国经济、技术交流日益增多，但是由于各国专利制度的不一致，专利申请、授权条件不同，国与国之间专利产品的交流受到限制。1967 年世界知识产权组织成立，加强各国在知识产权上的合作，专利制度走向国际化。

著作权制度与专利制度在同一时期确立。造纸和印刷技术的发展导致书籍的复制越来越简单，盗版印刷品猖獗，英国正版出版商可以通过封建统治者垄断舆论而制定的特许出版权的《许可法案》这种公力的救济对盗版印刷品进行打击，但是在英国资产阶级革命后，资产阶级知识分子废除了《许可法案》，正版出版商通过私力救济保护自身权益效果甚微。随后，英国议会于 1709 年颁布了《为鼓励知识创作而授予作者及购买者就其已印刷成册的图书在一定时期内之权利的法》，即《安娜女王法》，率先实行对作者权利的保护。该法案规定，授予作品作者 14 年的作品保护期，并且若 14 年届满且作者健在，再续 14 年作品保护期。

1790 年，美国依照《安娜女王法》的模式制定了《联邦著作权法》，确立了英美法系的版权制度。1793 年法国颁布著作权法，其规定了著作财产权，还注意强调著作权中的人格权内容，以法国和德国为代表的强调人格权的大陆法系逐渐确立。商标和商号的保护制度起源于法国。法国在 1803 年颁布的《关于工厂、制造场和作坊的法律》中将假冒商标按私造文书进行处罚，确立了对商标权的法律保护，1857 年又颁布了《关于以使用原则和不审查原则为内容的制造标记和商标的法律》，后来，欧美国家相继颁发商标法，商标保护制度逐步发展。

二、我国知识产权制度的沿革

我国在历史上曾有许多发明创造，是造纸、火药、指南针和活字印刷术四大发明的发祥地，但与之不相符的是，我国专利制度直到近代才开始

---

❶　杨利华. 英国《垄断法》与现代专利法的关系探析 [J]. 知识产权,2010,20(4):77-83.

出现。究其原因，一方面是我国古代稳定的封建制度，另一方面是封建制度下形成的小农经济的影响。

（一）改革开放前知识产权制度的发展

1. 专利制度的发展

《国语·周语》记载了一段话："匹夫专利，犹谓之盗，王二行之，其归鲜矣。"这里的"专利"是谋利赚钱之意，不是现代法律上的含义。我国西汉时即有对盐、铁、茶、丝等实行官办或商卖的垄断经营制度。据史料记载，公元前 2 世纪汉文帝曾"赐邓通蜀道铜山，得铸钱"的特权。太平天国领导人洪仁玕是我国第一个将西方专利制度思想引进中国的，他提出的具有资本主义色彩的《资政新篇》规定与承认科技发明的专利权，鼓励发展私人企业。

中国近代专利制度的雏形出现在清朝光绪年间。1882 年光绪皇帝批准郑观应等创建的上海机器织布局的机器织布工艺以"10 年专利"，上海织布局揭开了专利实践的序幕，后来专利案例的增多使得专利立法已经势在必行，光绪帝下诏要求制定专利保护章程。专利制度从社会精英的广为宣传开始得到执政者的认同，但遗憾的是这份诏书里面对专利的"产权保护"只字未提。

中国系统化的专利制度始于辛亥革命后。1912 年 12 月，工商部颁发了《奖励工艺品暂行章程》，对新产品授予 5 年的专利权或者给予名誉上的褒奖。该章程规定了奖励客体为"经本部考研，认为合格"的"发明或改良之制造品"，保护程序规定"呈请在先原则"，对"业有同样制品呈请在先者"不给予专利就体现上述特色。这个章程实行 11 年之久，可以被视为我国最早的专利制度。1944 年 5 月 29 日由国民政府公布的《专利法》，是我国历史上第一部正式的"专利法"。

2. 著作权制度

1950 年政务院出版总署第一届全国出版会议就通过《关于改进和发展出版工作的决议》，强调尊重和保护作者的经济和精神利益。1953 年又发布《关于纠正任意翻印图书现象的规定》，强调"一切机关团体不得擅自因出版社出版的书籍、图片，以重版权，而免浪费，并便利出版发行的有计划的管理与改进"。这些规定的出台有整顿出版秩序的考虑，但在另一方面更强调对作者经济和精神利益的保护。

"三大改造"期间，我国国内政治经济环境得到改善，国家于 1955 年着手制定著作权法。1957 年，我国提出了《保障出版物著作权暂行规定》，该文件对著作权的保护对象、保护期限、侵权救济等问题作出了规定，初步形成了与现行《著作权法》相一致的体系。

（二）我国现行知识产权制度

我国《专利法》于 1985 年正式实施之后，经过 1992 年、2000 年、2008 年、2020 年四次修改（表 2-1）。《专利法》的修改是对国际贸易环境变化的适应，也是鼓励和保护发明创造、促进创新的重要途径。

表 2-1　我国《专利法》历次修改时间、内容和目的

修改时间	修改内容	修改目的
1992 年	删除了原专利法对药品、食品、饮料、调味品不授予专利权的规定；赋予专利权人进口权；将方法专利的保护延及依照该方法直接获得的产品；将发明专利的保护期限从 15 年修改为 20 年，将实用新型专利和外观设计专利的保护期限从 5 年可续展 3 年改为 10 年；将授予专利权前的异议程序改为授予专利权后的撤销程序；完善了强制许可制度	为我国恢复关贸总协定缔约国地位创造条件，同时也为了履行我国在《中美知识产权谅解备忘录》中作出的承诺
2000 年	明确专利法的立法宗旨包括促进科技进步与创新；完善发明创造归属制度，允许发明人或者设计人与所在单位对利用本单位物质技术条件完成的发明创造约定权利归属；取消全民所有制单位对专利权持有的规定，使全民所有制单位与其他经济主体一样作为专利权人享有权利；赋予专利权人许诺销售权；将撤销程序与无效宣告程序合并，统一为无效宣告程序；取消专利复审委员会对实用新型专利和外观设计专利的终局决定权；明确我国作为专利合作条约成员国应履行的义务；对实用新型专利设立检索报告制度；强化对专利权的保护，增加诉前临时禁令和财产保全措施，明确侵权赔偿的计算方式；将行政机关在专利侵权纠纷的处理中对赔偿问题的处理改为调解	适应我国社会主义市场经济体制的完善、经济和科技的快速发展以及我国加入世界贸易组织对专利法提出的新任务、新要求
2008 年	通过提高专利授权标准、完善审批程序、加强专利权保护及合理平衡专利权人与公众利益关系，以期达到激励创新、保护创新，增强我国核心竞争力的立法目标	解决我国专利制度运作中存在的问题

续表

修改时间	修改内容	修改目的
2020 年	一是加强对专利权人合法权益的保护,包括加大对侵犯专利权的赔偿力度,对故意侵权行为规定一到五倍的惩罚性赔偿,将法定赔偿额上限提高到五百万元,完善举证责任,完善专利行政保护,新增诚实信用原则,新增专利权期限补偿制度和药品专利纠纷早期解决程序有关条款等。二是促进专利实施和运用,包括完善职务发明制度,新增专利开放许可制度,加强专利转化服务等。三是完善专利授权制度,包括进一步完善外观设计专利保护相关制度,增加新颖性宽限期的适用情形,完善专利权评价报告制度	解决在专利保护实践中存在的专利维权取证难、周期长、成本高、赔偿低等突出问题

《著作权法》于 1991 年 6 月 1 日正式实施,这是我国第一部全面系统的著作权法,确立了著作权保护的基本框架。之后经过 2001 年、2010 年、2020 年三次修改(表 2-2),我国《著作权法》从基础构建到逐步细化,再到适应数字时代需求的阶段性发展,为文化创新提供了持续强化的法治保障。

表 2-2　我国《著作权法》历次修改时间、内容和目的

修改时间	修改内容	修改目的
2001 年	规定无国籍人的作品,以及首次或同时出版在我国已参加国际条约成员国的作品享有著作权;将杂技艺术、建筑、地图等列入法定作品类型;增设著作权集体管理组织,经著作权人授权后,代为行使权利;将著作财产权细分为复制权、发行权、出租权等十二种具体权利,使著作财产权更明确化;增设法定许可制度,规定为实施九年制义务教育和国家教育规划而编写出版教科书,可以在不经作者许可且支付报酬的情况下使用部分作品;引入著作权转让制度,著作权人可以与他人通过买卖、赠与及遗赠并签订合同的形式转让著作财产权;对以往《著作权法》未规定应当许可或可以不经许可使用他人作品的诸多情形加以限制,如使用他人作品演出、复制、发行他人作品等均需要事先取得著作权人的许可;丰富了承担民事责任、刑事责任的情形和处理方式,并对适用《中华人民共和国民法通则》《中华人民共和国合同法》等部门法作出规定;新增著作权侵权的赔偿数额以实际损失为准,实际损失难以确定时,视侵权行为的情节予以赔偿,并对举证责任作出规定	为适应中国加入世界贸易组织的需要,履行《与贸易有关的知识产权协定》的义务

修改时间	修改内容	修改目的
2010 年	将"依法禁止出版、传播的作品，不受本法保护"替换为"国家对作品的出版、传播依法进行监督管理"；新增了著作权允许出质的条款，并应当向版权行政机关办理出质登记	为了履行世界贸易组织对中美知识产权争端的裁决
2020 年	将作品定义为：作品是指文学、艺术和科学领域内具有独创性并能以一定形式表现的智力成果；将"电影作品和以类似摄制电影的方法创作的作品"改为"视听作品"，删除了"摄制"的技术要求；改变法人或非法人组织的作品、职务作品、视听作品"发表权"保护期的规定，将"截止于作品首次发表后第五十年的12月31日"改为"截止于作品创作完成后第五十年的12月31日"；取消了对摄影作品保护期的特殊规定，视其权利主体为自然人还是法人或者其他组织而进行判断；对合理使用的具体情形和著作权人的范围加以调整，在构成合理使用的基本条件上，新增"不得影响该作品的正常使用"这一条件；增加了职务表演的条款，并规定了职务表演的权利归属；增加了"技术措施"保护的规定，并规定了可以避开技术措施的具体情形；新增行政违法的救济方式以及"违法数额难以计算"情况下的罚款数额；将赔偿数额提高至五百万元以下，并规定"证据出示令"制度和"举证妨碍"规则；完善诉前禁令制度	为应对数字技术和互联网产业的快速发展，强化著作权保护，解决维权难、赔偿低等问题

《中华人民共和国商标法》（以下简称《商标法》）自 1983 年 3 月 1 日施行后，历经 1993 年、2001 年、2013 年和 2019 年四次修改。为适应市场经济发展的需求，加强商标保护力度，打击假冒商标行为，回应国际社会对中国知识产权保护的关注。1993 年第一次修改时，增加了服务商标的注册和保护；明确对假冒商标行为的行政处罚和刑事责任；简化商标注册流程。2001 年，为履行中国加入世界贸易组织时对《与贸易有关的知识产权协定》的承诺，应对经济全球化对商标保护的新要求，对《商标法》进行第二次修改，此次修改内容包括：扩大商标权主体和客体的范围；明确将地理标志纳入商标保护体系；明确保护驰名商标；引入对商标确权程序的司法审查；禁止恶意抢注行为及增加工商机关的查处手段。为解决商标注

册周期长、程序复杂等问题，2013 年对《商标法》进行第三次修改，修改内容包括：增加申请注册和使用商标应遵循诚实信用原则的规定；将声音纳入可注册商标类型，新增申请人可通过一份申请在多个商品/服务类别上注册同一商标；明确商标审查期限最长不超过 9 个月；规定对恶意侵权可适用 1~3 倍惩罚性赔偿，并将法定赔偿上限从 50 万元提高至 300 万元；注册商标续展期由期满前 6 个月延长至 12 个月；将"注册商标争议的裁定"修改为"注册商标的无效宣告"，并完善无效宣告的程序；新增"帮助侵权"（如提供仓储、运输等便利条件）及反向假冒（更换他人注册商标后销售）等情形。为进一步遏制恶意注册和商标囤积行为，加强商标专用权保护，优化营商环境，适应电子商务等新业态发展。2019 年第四次修改时，明确禁止恶意注册及恶意注册的后续处理，将恶意侵权赔偿上限从 300 万元提高至 500 万元，并明确适用惩罚性赔偿（1~5 倍）；新增市场监管部门可对重复侵权等行为从重处罚，加大对商标代理机构违法行为的处罚（如罚款、停业整顿等）；取消异议复审程序，异议不成立的商标直接核准注册，减少程序拖延；新增商标注册人无正当理由连续三年不使用的，任何单位或个人可申请撤销，以及其他重要调整，如增加声音商标的审查标准，调整商标侵权判定标准。此次修改重点打击了商标恶意注册行为，显著提高侵权成本，优化商标保护体系，既维护了公平竞争的市场秩序，也为企业品牌发展提供了更强的法律保障。

第二节　知识产权制度的核心思想
——保护知识

知识产权作为一种私权，一种民事权利，与传统的财产权是相互区别存在的，它被视为一种特殊的权利范畴。知识产权制度目的在于保护智力成果创造者的权益，维护社会公平正义，激励社会创新活力。

在市场经济条件下，"创新是引领发展的第一动力，保护知识产权就是在保护创新"，鼓励创新离不开尊重知识、崇尚创新的社会氛围，而营造创新友好型社会氛围需要完善的知识产权法律体系、管理体制、政策体系。知识产权制度是西方发达国家经过 300 多年的不断完善和发展，在市场经济中孕育和成长起来的，立足于知识产权的产权属性，将智力成果财产化就是保护智力创造者的成果及通过智力成果获得的权益，总而言之，知识产权制度追求的价值目标是正义和效率。

从维护正义的角度上来看，知识产权作为创造者的智力成果，通过立法承认其是一种自然法定的存在，是符合正义的，若不正视创造者的成果，将使社会的精神生产处于无序状态，社会也将无正义可言。❶ 效率指的是通过智力成果的授权使用、独占使用等制度，促进知识、技术、信息的广泛传播，即通过激励知识生产和创新来实现知识传播的效率化，进而促进知识的可及性，扩大知识公共领域。❷ 简言之，知识产权制度的宗旨就是维护知识权利的正义秩序，实施知识传播的效率目标。

第三节 我国知识产权制度的逻辑思维

知识产权包括专利权、商标权、著作权及商业秘密权等权利，与其他民事权利不同的是，知识产权制度的出现晚于其他民事制度。我国知识产权制度的发展是从一个"逼我所用"到"为我所用"的过程，随着科技、经济的发展而不断改变，该制度发展本身就是一个法律制度创新与科技创新相互作用、相互促进的过程。自改革开放以来，我国知识产权法律体系经过多次改革，逐渐积累了丰富的立法经验，为之后的中国现代化知识产权制度提供了坚实的基础，但是总体上来说，我国知识产权制度在学习和借鉴世界优秀的法治文明成果的过程中，坚持"以我为主，为我所用"。

---

❶ 吴汉东.知识产权精要制度创新与知识创新[M].北京:法律出版社,2017:30-31.

❷ 冯晓青.知识产权制度的效率之维[J].现代法学,2022,44(4):171-190.

一、法律思维

知识产权制度作为民法的分支，以民法为根基，但是知识产权制度并未在《民法典》中独立成编，其知识产权条款主要以《民法典》第 123 条规定了知识产权客体的类型，第 440 条规定了质权、第 444 条规定了知识产权财产权出质、第 501 条涉及商业秘密信息、第 843~846 条涉及技术合同、第 848~887 条涉及职务技术成果、委托开发合同、合作开发合同以技术成果的转让、第 1062 条提出在婚姻家庭关系中，夫妻共同财产包括知识产权的收益，以及第 1185 条侵权赔偿的规定，上述条款对知识产权具有"链接式"立法指导意义和规范补充适用功能。知识产权在本质上作为私权，其涉及公共利益属性，同时包括了私法性质与公法色彩、程序法内容，其与民法的融合还需要充分的理论基础与立法技术，因此在立法上采用著作权法、专利法和商标法独立，在法律解释上与民法相衔接的方式来保护知识产权。

二、创新思维

知识产权是激励科技创新和确保科技成果向现实生产力转化的基本机制，创新推动社会的发展，在知识产权创新中，我国通过知识产权制度鼓励创新活动、保护创新成果，并且促进创新成果应用。知识产权保护客体包括作品、发明、实用新型、外观设计、集成电路以及商业秘密等，而客体所能体现出的创新性可以体现为作品的独创性、发明和实用新型的创造性、商标的显著性及商业秘密的不为公众所知悉性和商业价值性等。[1] 结合知识产权法来讲，如在著作权领域的"思想与表达二分法"裁判原则，该原则指的是将作品分为思想与表达两方面，只保护对于思想的独创性表达，而不保护思想。比如，在"琼瑶诉于正著作权侵权案"中，指出偷龙转凤情节属于思想，基于该思想而概括的情节包括时间、地点、人物等细节仍然属于思想。可见，在著作权领域内，从思想到表达的路径中可以通过在

---

[1] 陆磊. 浅论知识产权"创新思维"的逻辑 [EB/OL]. (2018-06-13) [2024-04-20]. http://www.iprdaily.cn/news_19169.html.

各个细节方面的累积形成表达。在专利法领域内，发明的创造性是指现有技术相比，该发明具有突出的实质性特点和显著的进步。从现有技术到发明之间的阻碍，可以通过累积方式和发散方式来破除。

第三章 专利的基本知识

第一节 专利与专利权的概念

"专利"一词来源于拉丁语 *Littetae patentes*，意为公开的文件或公共文献，该文件加盖国王的印章，可以任意打开阅读，了解其中的内容，是中世纪的君主用来颁布某些特权的证明。结合英语 patent 的原意和各国专利法律制度，可以将"专利权"作如下定义：专利权是国家专利主管部门依据专利法授予发明创造人或合法申请人对某项发明创造在法定期间内所享有的一种独占权或排他权。[1]

第二节 专利与其他知识产权的关系

与把专利权称为工业产权一样，把专利权称为知识产权是国际专利制度发展和国际协调的结果。知识产权主要包括著作权、专利权、商标权和制止不正当竞争等，知识产权是民事主体对其智力活动创造的成果和经营管理活动中的标记、信誉等依法享有的专有权利。这些智力劳动成果包括人们在与自然界和社会的斗争中所创造出来的一切具有一定表现形式的自然科学或社会科学成就。

[1] 吴汉东.知识产权法学[M].北京:北京大学出版社,2019:155.

第三节 专利的类型

在我国《专利法》中，专利的客体指发明创造，即发明、实用新型和外观设计。

一、发明专利

《专利法》第 2 条第 2 款的规定，专利法所称的发明是指对产品、方法或者其改进所提出的新的技术方案。

根据发明的定义，可以将发明分为以下两类。

① 产品发明。产品发明是指人们通过智力劳动创造出来的各种成品或者产品的发明，是自然界从未有过的，如机器、设备、仪表、物质等发明。未经人的加工、属于自然状态的东西不能作为产品发明，如天然宝石、矿物质。产品发明取得专利后称为产品专利。

② 方法发明。方法发明是指关于制造产品或解决问题的操作方法、制造方法或工艺流程等技术方案和手段。所说的方法可以是化学方法、机械方法、通信方法及用工艺规定的顺序来描述的方法。方法发明取得专利后，称为方法专利。

从另一角度对发明进行分类，还可以将发明分为下列两类。

① 首创发明。首创发明又称为开拓性发明，是指一种全新的技术解决方案，是技术历史上从未有过的，它开创了人类科技发展的一个新的里程碑，如指南针、蒸汽机、电话、数字印刷等发明。

② 改进发明。改进发明是指对现有产品发明或方法发明作出的实质性革新技术方案。现在生活中多数发明属于改进发明，如各种霓虹灯就是在日光灯基础上的改进发明。改进发明中的各个特征可能都是已知的公开技术，但是组合之后会产生新的功能和效果从而具备专利性。

二、实用新型专利

根据《专利法》第 2 条第 3 款的规定，专利法所称实用新型，是指对产品的形状、构造或者其结合所提出的适于实用的新的技术方案。由于实用新型的技术含量比发明的要低一些，因此也被称为"小发明"或者"小专利"。实用新型专利有以下特点：根据《专利法》第 2 条第 3 款的规定，实用新型专利只保护产品。所述产品应当是经过产业方法制造的，有确定形状、构造且占据一定空间的实体。一切方法及未经人工制造的自然存在的物品不属于实用新型专利保护的客体。上述方法包括产品的制造方法、使用方法、通信方法、处理方法、计算机程序及将产品用于特定用途等。例如，齿轮的制造方法、工作间的除尘方法或数据处理方法，自然存在的雨花石等不属于实用新型专利保护的客体。❶

一项发明创造可能既包括对产品形状、构造的改进，也包括对生产该产品的专用方法、工艺或构成该产品的材料本身等方面的改进。但是实用新型专利仅保护针对产品形状、构造提出的改进技术方案。❷

实用新型应当是针对产品的形状和/或构造所提出的改进。产品的形状是指产品所具有的、可以从外部观察到的确定的空间形状。对产品形状所提出的改进可以是对产品的三维形态所提出的改进，如对凸轮形状、刀具形状作出的改进；也可以是对产品的二维形态所提出的改进，如对型材的断面形状的改进。无确定形状的产品，如气态、液态、粉末状、颗粒状的物质或材料，其形状不能作为实用新型产品的形状特征。❸ 产品的构造是指产品的各个组成部分的安排、组织和相互关系。产品的构造可以是机械构造，也可以是线路构造。机械构造是指构成产品的零部件的相对位置关系、连接关系和必要的机械配合关系等；线路构造是指构成产品的元器件之间的确定的连接关系。物质的分子结构、组分、金相结构等不属于实用新型

---

❶ 《专利审查指南 2023》第一部分第二章第 6.1 节。
❷ 《专利审查指南 2023》第一部分第二章第 6.1 节。
❸ 《专利审查指南 2023》第一部分第二章第 6.2.1 节。

专利给予保护的产品的构造。❶

技术方案，是指对要解决的技术问题所采取的利用了自然规律的技术手段的集合。技术手段通常是由技术特征来体现的，未采用技术手段解决技术问题，以获得符合自然规律的技术效果的方案，不属于实用新型专利保护的客体。产品的形状及表面的图案、色彩或者其结合的新方案，没有解决技术问题的，不属于实用新型专利保护的客体。产品表面的文字、符号、图表或者其结合的新方案，不属于实用新型专利保护的客体。例如，仅改变按键表面文字、符号的计算机或手机键盘；以十二生肖形状为装饰的开罐刀；仅以表面图案设计为区别特征的棋类、牌类，如古诗扑克等。❷

三、外观设计专利

专利法所统称的外观设计，是指对产品的形状、图案或者其结合，以及色彩与形状、图案的结合所作出的富有美感并适于工业应用的新设计。

根据外观设计的定义，外观设计专利应满足下列条件。

（1）外观设计必须以产品为载体。外观设计是产品的外观设计，其载体应当是产品。不能重复生产的手工艺品、农产品、畜产品、自然物不能作为外观设计的载体。❸

（2）产品的形状、图案或者其结合，以及色彩与形状、图案的结合。构成外观设计的是产品的外观设计要素或要素的结合，其中包括形状、图案或者其结合以及色彩与形状、图案的结合。产品的色彩不能独立构成外观设计，除非产品色彩变化的本身已形成一种图案。可以构成外观设计的组合有：产品的形状；产品的图案；产品的形状和图案；产品的形状和色彩；产品的图案和色彩；产品的形状、图案和色彩。形状，是指对产品造型的设计，也就是指产品外部的点、线、面的移动、变化、组合而呈现的外表轮廓，即对产品的结构、外形等同时进行设计、制造的结果。图案，

---

❶ 《专利审查指南 2023》第一部分第二章第 6.2.2 节。
❷ 《专利审查指南 2023》第一部分第二章第 6.3 节。
❸ 《专利审查指南 2023》第一部分第三章第 7.1 节。

是指由任何线条、文字、符号、色块的排列或组合而在产品的表面构成的图形。图案可以通过绘图或其他能够体现设计者的图案设计构思的手段制作。产品的图案应当是固定、可见的，而不应是时有时无的或者需要在特定的条件下才能看见的。色彩，是指用于产品上的颜色或者颜色的组合，制造该产品所用材料的本色不是外观设计的色彩。外观设计要素，即形状、图案、色彩是相互依存的，有时其界限是难以界定的，如多种色块的搭配即成图案。❶

（3）适于工业应用的富有美感的新设计。适于工业应用，是指该外观设计能应用于产业上并形成批量生产。富有美感，是指在判断是否属于外观设计专利权的保护客体时，关注的是产品的外观给人的视觉感受，而不是产品的功能特性或者技术效果。❷

第四节　专利的特性

一、地域性

地域性是指专利权依据特定国家或地区的法律产生，且仅在该法律管辖范围内有效的一种特性。地域性是区分有形财产的一个重要的法定属性。根据这种特征，只有在本国境内才能合法地保护专利，而另一些国家则不受该法律的保护，除非两国就专利（知识产权）达成双边协定，或共同参加保护专利（知识产权）的国际公约。专利权不是自发生成的，必须由国家专利主管部门进行审核。由于不同国家的专利法对专利授权条件的规定不尽相同，因此，在一国取得的专利权并不能得到其他国家的认可和保护。如甲的发明创造在中国申请专利并获得授权，未在英国申请并获得专利权，他人在英国实施他的发明创造并不侵犯其任何权利。

---

❶ 《专利审查指南2023》第一部分第三章第7.2节。
❷ 《专利审查指南2023》第一部分第三章第7.3节。

二、专有性

专有性，也称独占性或排他性。专利权人对其所拥有的专利权具有独占或排他的权利，在没有得到许可或出现法律规定的特殊情况下，任何人都不能使用，否则将被视为侵权。这是专利权（知识产权）最重要的一项法定特征。

三、时间性

专利权具有法律上的保护期，在此期间，专利权人享有独占权，以达到保护专利权人与公众利益的目的。在此期间，专利权人可以充分利用专利来获得利润，保障其发明创造带来的收益。如果合同到期或者由于某些原因而提前终止，则该项技术将成为公共财产，任何人均可免费使用。通过这种方式，专利的垄断将不会对社会的发展造成不利影响。

除上述特性外，专利权还具有法定性。专利权依法产生，尽管有些发明创造符合专利权条件，但如未提交专利申请，或未按专利法规定提交申请，则不得享有专利权保护。此外，《专利法》通过规定，明确将某些技术领域列为不授予专利权的客体，如动植物品种、原子核变换方法。而对属于可授予专利权的客体，需满足新颖性、创造性和实用性要求。可见，专利权的取得不仅要履行严格的申请审批程序，还要接受一些法定的限制条款。

专利权的商品特性也变得越来越明显，专利权的许可开始进入市场，专利许可贸易主导着高新技术领域的产品，有些公司不依靠设备、车间等设施，仅靠专利权来获取利益，如现在最常见的专利流氓（Patent Troll），又称专利蟑螂，是指不生产专利或提供专利服务的公司或组织，他们从其他公司、科研机构或个人手中购买专利的所有权或使用权，并以此通过专利诉讼获取利益。在国际上被称为 NPE（Non-Practicing Entities，非执业实体）。

第五节　专利权的期限

专利的保护期是指专利权人享有权利的合法期限。制定合理的保护期限，一方面能激发发明人和专利权人的创新意识，促进科技进步；另一方面，可以让专利权人在开发、研制发明创造的过程中，尽量回收其所需的风险投资，从而获得相应的经济效益。

我国《专利法》规定发明专利权的保护期限为20年，实用新型专利权的保护期限为10年，外观设计专利权的保护期限为15年，其保护期限都是在中国提出申请之日起计算。专利权到期后，该专利就会失效，该专利技术将被纳入公共领域，并由所有人免费使用。在外观设计专利权到期后，如果需要继续保护，可以采取其他的法律措施。例如，在专利权保护期届满后，外观设计仍然可以受到版权的保护。一些外观设计也可以注册商标。但是，如果外观设计是三维标志，且该三维标志具有实质性价值的形状则不能注册商标。❶

第六节　职务发明和非职务发明

我国《专利法》第6条规定了职务发明创造与非职务发明创造申请专利的权利归属。❷ 非职务发明申请专利的权利归属于发明人、设计者，而职务发明申请专利的权利归单位所有。其中，职务发明是指企业、事业单位、社会团体、国家机关工作人员在单位内从事工作，或主要是利用单位的物质条件进行的发明创造。非职务发明是指企业、事业单位、社会团体、国家机关的工作人员在职务之外没有利用本单位的物质条件所完成的发明创造。

---

❶ 吴汉东.知识产权法学[M].北京:北京大学出版社,2019:10.

❷ 《专利法》第6条规定:"执行本单位的任务或者主要是利用本单位的物质技术条件所完成的发明创造为职务发明创造。职务发明创造申请专利的权利属于该单位,申请被批准后,该单位为专利权人。该单位可以依法处置其职务发明创造申请专利的权利和专利权,促进相关发明创造的实施和运用。非职务发明创造,申请专利的权利属于发明人或者设计人;申请被批准后,该发明人或者设计人为专利权人。利用本单位的物质技术条件所完成的发明创造,单位与发明人或者设计人订有合同,对申请专利的权利和专利权的归属作出约定的,从其约定。"

第四章　专利申请流程

申请人因一项发明而取得专利权的，应依照《专利法》及《专利法实施细则》的有关规定，向国家知识产权局提交专利申请。在专利审批过程中，申请人还须按《专利法》及《专利法实施细则》的有关规定和审查人员的要求，办理与此项专利申请相关的各类业务。申请人将专利申请和其他在批准过程中处理的事务称为专利申请程序。

申请人提交专利申请，提交请求书、说明书、权利要求、说明书附图及摘要等，即专利申请文件；在申请和专利申请的过程中，申请人（或专利权人）、其他相关当事人在处理与专利申请相关的各种程序时，所提交的各种请求、申报、意见陈述、补正及各种证明、证据材料，都被称作其他材料。办理各项手续时，须提供相关文件，缴纳相关费用，并满足相关时限要求。

第一节　专利申请的各个阶段

发明专利申请通常要依次经历受理、初步审查、公布、实质审查、授权五个阶段。在初步审查和实质审查两个阶段会出现驳回的情况，驳回后则审查流程终止；如果继续申请恢复对申请文件的审查，则需要启动复审程序。

外观设计专利申请和实用新型专利申请通常要经历受理、初步审查、授权公告三个阶段。如果初步审查被驳回，则审查流程终止；申请人如果想继续申请恢复审查，则需通过复审程序。

审查员在初步审查或实质审查阶段认为申请文件存在问题的，会给申请人发出审查意见通知书或者补正通知书。申请人应于规定的答复期限内提交答复，并对审查人员指出的问题作出修改或说明，若申请人无正当理由逾期未作出答复的，专利申请则被视为撤回。若申请人因特殊情况无法按期答复的，可以通过提交请求的方式延长答复期限，延长答复期限需要缴纳延长期限请求费。

第二节 专利申请需要注意的原则

一、形式法定原则

专利申请的一切程序，应当以书面形式或者国家知识产权局专利局规定的其他形式办理，否则无效。在我国，除书面形式之外，也可采用电子文件形式提出。

二、单一性原则

单一性，是指一件发明专利或者实用新型专利申请应当限于一项发明或者实用新型，属于一个总的发明构思的两项以上发明或者实用新型，可以作为一件申请提出。也就是说，如果一件申请包括几项发明或者实用新型，则只有在所有这几项发明或者实用新型之间有一个总的发明构思使之相互关联的情况下才被允许，这是专利申请的单一性要求。❶

三、先申请原则

先申请原则是两个以上的申请人在同一发明创造中单独申请专利时，将专利权授予第一个提出专利的人。在先申请的基础上，无论何时开始，

---

❶ 《专利审查指南 2023》第二部分第六章第 2.1.1 节。

均由提交专利申请的时间顺序决定。在先申请原则下，专利申请的时机是非常关键的，它不能随意地推迟申请，避免被别人捷足先登，从而失去专利权；又不能贸然出手，把自己的技术提前曝光。具体在什么时候提出，要从技术本身和专利申请的目的等方面加以考虑。❶

第三节　专利申请日和优先权

《专利法》第 42 条第 1 款规定了专利权的保护期限。❷ 专利权的维持需要持续缴纳年费，计算专利权的期限时，从申请日算起，不包括优先权日至申请日之间的期限。

一、专利申请日确定

《专利法》第 28 条规定了专利申请日。❸ 不同的申请递交方式有不同的申请日：向国家知识产权局专利局受理处或者代办处递交申请文件的，以受理处或者代办处接收日期为申请日；通过邮局将申请文件邮寄给国家知识产权局专利局受理处或代办处的，如果信封上的邮戳清晰可辨则以寄出信封上的邮戳日作为申请日，如果邮戳模糊而无法辨认则以国家知识产权局收到申请文件的日期作为申请日；如果申请文件是通过快递的方式送交国家知识产权局，则以国家知识产权局收到文件的日期为申请日。现在最常用的专利申请递交方式是电子申请，即通过电子客户端从互联网将申请文件上传到受理处；采用这种方式时，正常上传申请文件的日期即为申请日，并且很快就可以收到电子版的受理通知书。

接受专利申请的部门只有国家知识产权局专利局受理处及其代办处，

---

❶　张玉敏.专利法[M].厦门:厦门大学出版社,2017:107-108.

❷　《专利法》第 42 条第 1 款规定:"发明专利权的期限为二十年,实用新型专利权的期限为十年,外观设计专利权的期限为十五年,均自申请日起计算。"

❸　《专利法》第 28 条规定:"国务院专利行政部门收到专利申请文件之日为申请日。如果申请文件是邮寄的,以寄出的邮戳日为申请日。"

如果邮寄或快递到其他部门，然后被转交到受理处或代办处的，申请日则为受理处或代办处实际收到申请文件的日期。

在递交申请文件时，如果说明书只写有对附图的说明但没有相应的附图，则有两种处理方式：第一种是在指定期限内补交附图，这种处理方式会使此申请的申请日变成提交附图的日期；第二种是取消对附图的说明，这种处理方式不会改变申请日，但需要考虑专利申请文件的完整性。

分案申请以原申请的申请日为申请日，申请日是判断申请先后的唯一法律依据，也是判断新颖性等专利性条件的时间标准。

二、专利优先权

专利优先权是指专利申请者在一个国家首次申请其发明创造后，在法定期间内对同一主题的发明创造进行了申请，按照专利法及有关法律的规定，该权利以首次申请之日为申请日，该权利即为优先权。《专利法》第29条对优先权的内容作了规定。❶

三、优先权的条件与基本规则

在先申请有以下几种情况之一的，则不能要求本国优先权：

（1）已经享有外国或者本国优先权的。

（2）已经被授予专利权的（例如实用新型专利）。这是为了防止违反《专利法》第9条第1款规定，出现同一技术方案重复授权的情况。

（3）属于按规定提出的分案申请的。这也是限定在先申请必须为第一次申请，因为分案申请是从原申请分出来的申请，原申请为第一次申请，而分案申请就不是第一次申请。分案申请的原申请如果不违反上述情形，则可以作为在先申请被要求优先权。

---

❶ 《专利法》第29条规定："申请人自发明或者实用新型在外国第一次提出专利申请之日起十二个月内，或者自外观设计在外国第一次提出专利申请之日起六个月内，又在中国就相同主题提出专利申请的，依照该外国同中国签订的协议或者共同参加的国际条约，或者依照相互承认优先权的原则，可以享有优先权。申请人自发明或者实用新型在中国第一次提出专利申请之日起十二个月内，或者自外观设计在中国第一次提出专利申请之日起六个月内，又向国务院专利行政部门就相同主题提出专利申请的，可以享有优先权。"

第四节　涉外专利申请

一、外国人在中国申请专利程序

我国《专利法》第18条规定了外国人在中国申请专利的情形。❶

二、PCT申请程序

国际申请也称为PCT申请，是指申请人依照《专利合作条约》（PCT）中所规定的程序和格式，通过PCT同时向多个国家提出的专利申请。

PCT申请仅限于发明和实用新型的申请。申请人仅须以一种语言提交一份国际申请。从国际申请之日开始，此项申请在所有指定国家具有与其国内申请相同的效力。同时，在PCT体系中，受理局负责对国际申请的形式审查，并通过国际检索单位进行国际检索。所有的国际申请及其国际检索报告均由世界知识产权组织进行统一的国家公布。国际初审机构还可以按申请人的要求，对其新颖性和创造性进行国际初步审核，并为申请人和其所选择的成员国提供参考。

（一）国际申请提出

申请人可向国际局或本国的国家局（国籍国或居住国）提出国际专利申请。提交给中国国家知识产权局的PCT的申请书必须是中文或者英文。至于向国际局提起国际申请，则可以使用任何语言。在任何一个缔约国，根据《专利合作条约》，可以将其作为一项国际请求提交。根据PCT规则，

---

❶ 《专利法》第18条规定："在中国没有经常居所或者营业所的外国人、外国企业或者外国其他组织在中国申请专利和办理其他专利事务的，应当委托依法设立的专利代理机构办理。中国单位或者个人在国内申请专利和办理其他专利事务的，可以委托依法设立的专利代理机构办理。专利代理机构应当遵守法律、行政法规，按照被代理人的委托办理专利申请或者其他专利事务；对被代理人发明创造的内容，除专利申请已经公布或者公告的以外，负有保密责任。专利代理机构的具体管理办法由国务院规定。"

一项或多项权利要求、一幅或多幅附图（如有必要）及摘要，这些摘要只用作技术资料，不得用作其他目的，尤其不能用于解释要求的保护范围。

如果申请者是多个，则被视为满足条件，前提是他们当中有一个是PCT缔约国的公民或居民。与国内的申请不一样，如果申请人是多个，那么不同的申请人可以在不同的国家单独申请。

提交国际申请需要缴纳的费用包括传送费、检索费和国际申请费。三种费用都向受理局缴纳，其中传送费由受理局留存，检索费转交检索局，国际申请费转交国际局。所有费用均应在国际申请日起1个月内缴纳。向作为国际申请的受理局的中国国家知识产权局提交国际申请的，国际申请费的标准为8 858元人民币（国际申请文件超过30页的，每页加收100元），传送费的标准为500元，检索费的标准为2 100元。

（二）国际申请的受理

专利申请被受理后，接收机构将对其进行形式审查，其内容与请求与国内申请大致一致。审查通过后，PCT的相关材料将被提交给世界知识产权组织国际局和国际检索单位。其中形式审查包括该申请是否符合以下条件：申请人是否明显不具有向该受理局提交国际申请的权利；申请是否使用了规定的语言；申请是否指明作为国际申请提出；申请是否至少指定了一个成员国；申请是否按规定方式写明了申请人的姓名或者名称；申请文件是否有一部分至少从表面上看起来像是说明书及是否有一部分看起来像是一项或者几项权利要求。

然而，即便在指定的时间内申请人未提交优先权文件，也未要求受理机构准备和转交优先级文件；或是要求优先权的国际申请与前、后两个申请人不相符，而且在国际申请中也没有说明申请人有优先权，则受理局不能因此作出没有要求优先权的决定，而是将其留给指定国在本国法律下处理。

（三）国际检索程序

国际检索由国际检索单位进行。检索局应自收到检索申请文本之日起3个月内，或自优先权日起9个月内（以后到期的为准），完成检索报告或宣布不予检索。

完成检索后，国际检索单位应制作一份国际检索报告，分别发送给申请者和国际局，由申请者根据检索的结果来决定进入哪些指定国。实际上，申请者最终实际指定的国家常常比申请时指定的国家少。若有对权利要求修改的需求，可以在自优先权日起 16 个月或自收到国际检索报告及书面意见起 2 个月内，根据《专利合作条约》第 19 条的规定，直接向国际局提出对权利要求书的修改。

修改的有关事项：申请人在收到国际检索报告后，有权对权利要求书进行一次修改，但不能修改说明书及其附图。申请人修改权利要求书的期限为自国际检索单位将检索报告送交申请人之日起的 2 个月或者自优先权日起的 18 个月内，以较后届满者为准，如果国际局在上述期限届满之后收到申请人对权利要求书的修改，只要该修改在国际公布的技术准备工作完成之前到达国际局，则视为国际局在上述期限的最后一日收到该修改。对权利要求书的修改不得超出提交国际申请时的公开范围，但如果某指定国允许修改超范围的，则在该指定国可以接受超出范围的修改。

申请人对权利要求书的修改应当直接向国际局提交。如国际申请所用的语言与国际公布的语言存在差别，应按国际公布的语言加以修改。修改应采取递交替换页的方式。

（四）国际初步审查程序

国际初步审查程序依申请人的请求而启动。所作的国际初步审查仅为选定国专利局提供参考。申请人如欲申请国际初步审查，应自收到检索报告和书面意见之日起 3 个月或自优先权日起 22 个月内，向主管国家初步审查单位提交国际初步审查要求书，并缴纳初步审查费、手续费。此外，在提交国际初步审查请求时，申请者应当在指定国中选择一个承认 PCT 的缔约国作为选定国。

在国际初步审查报告作出前，申请者有权在指定的时间内对权利要求书、说明书和附图进行修正。但是，申请者并不一定要对其进行修改，而是要根据自己的意愿来决定。对由国际初步审查机构提出的书面意见，申请人可以选择答复或不答复。

完成国际初步审查报告的期限是自优先权起 28 个月或启动审查之日起

6个月内（以后届满的期限为准）。该审查报告是保密的，只提供给申请人、国际局和选定国专利局。

（五）国际申请进入国家阶段

进入国家阶段的程序是由申请人启动的。申请人必须在自优先权日起30个月（在某些国家可能是20个月）内办理进入指定国国家阶段的手续。我国对在上述期限内没有办理进入国家阶段手续的国际申请，在缴纳一定数额宽限费后，给予2个月的宽限期。如果申请者自愿放弃某个指定国，则无须特别提出撤回指定的声明，只要不履行进入该指定国国家阶段的手续即可。

缴纳国家费用，递交翻译成该国语言的国际申请的译文。不同国家对国际申请进入国家阶段的期限要求不同，有些国家可能超过30个月（或20个月），这取决于选定进入国家的要求，但必须严格遵守各指定国规定的进入时限。另外，根据《中华人民共和国专利法实施细则》（以下简称《专利法实施细则》）第103条的规定，申请人未在30个月内办理进入国家的手续的，在缴纳宽限费后，可以在自优先权日起32个月内办理进入中国国家阶段的手续，宽限费用为1 000元。

申请人履行进入国家阶段的手续包括缴纳国家费用、提交国际申请译文、提供国际申请副本和发明人信息。在我国，如果国际申请是以中文以外的文字提出的，进入中国国家阶段必须提交其中文译本。

第五章　专利审查制度

第一节　审查制度

专利申请是否被授予专利权，取决于各国家/地区专利主管部门依据本国法律法规进行的实质性审查后决定。专利申请审查是我国专利法中的一项重要内容，在世界范围内，各国均对其实施审查，并将其作为现代专利制度的一种标志。从总体上看，当代的审查制度呈现越来越科学化、精简化、国际化的倾向。专利审查的审查制度大体包括以下三种。

一、形式审查制

形式审查制也称登记制，即专利局只对专利申请的法定形式提出请求，而不对其实质进行审查。法律形式的要求，如申请材料是否齐全、提交的文件是否符合所要求的格式要求、是否缴纳申请费、是否已提交专利代理师授权书等，如果申请案符合以上形式条件，则授予专利权，专利局不会对专利性进行审查。

形式审查制度的优点在于：对专利申请进行快速的审核和审批；没有必要设立大量的审查机构和数据文库；成本更低，而且无须支付高昂的审查费用。但是，实施该制度存在着诸如专利质量不稳定、价值低、专利保护范围模糊等问题。

二、实质审查制

实质审查制又称完全审查制，是一种对专利申请形式与实质内容进行审查的制度。主要内容为：申请专利的发明创造是否符合专利法所要求的新颖性、创造性和工业实用性，说明书中的公开与否，以及对其经济和技术价值的评估。

实质审查的好处在于能保证专利的质量，促进其应用和推广，减少专利纠纷。其缺点则是要建立庞大的专利机构，需要配备一定数量的懂得专业技术、法律的人员担任审查员，耗费大量人力物力，审查时间长，容易造成申请案大量积压，从而损害申请人合法权益、降低专利情报价值的问题。

三、延迟审查制

延迟审查制也称为请求审查制或提早公开、请求审查制。这是一种对实质审查造成的大量申请案件进行完善的一种审查体系，它集形式审查与实质审查的优势于一体。延迟审查是指申请人提交专利申请后，由专利局通过书面形式审查，在一段时间内由专利局根据申请人的要求，对其申请进行实质性审查。若申请人未于指定时限提出实质性复审，则其申请被视为撤回。

延迟审查的主要目的是将专利的审查延后一段时间，以便申请人对其技术及经济效益进行评估，若申请人认为其发明不具有多大价值，或者由于其他原因而拒绝，则无须提交实质性的审查要求，而专利局则可以相应地减少审查的工作量。延迟审查制度最大的好处是：减少了专利机构的审查工作，让专利机构可以把时间和精力都放在对应予审查的申请上；提早公布专利申请，有助于推动科技资讯交流，激发创意；有能力降低申请者的成本负担。缺点是：审查过程复杂，专利申请要公布两次；在法律上，专利申请书的有效期很长，不仅会影响到专利的使用和推广，还会给社会带来不便。

第二节　我国发明专利申请的审查

我国《专利法》第 34 条规定了发明专利申请的公布。❶ 因此，发明专利申请的初步审查是受理发明专利申请之后、公布该申请之前的一个必要程序。

一、初步审查

（一）初步审查的内容和程序

初步审查是专利局对专利申请文件进行形式审查，也可以包括一定程度上的实质审查。在初步审查程序中，应当遵循保密原则、书面申请原则、听证原则和程序节约原则。根据《专利法实施细则》及其他有关规定，初步审查主要内容有：申请手续是否完备，文件是否齐全，表格的填写是否符合规定；申请专利各种必备的证件是否完备；申请专利的主题是否明显不符合发明的定义；专利申请是否明显违反法律、社会公德或者妨碍公共利益；专利申请的内容是否明显不属于专利保护范围；申请人是否已缴纳了申请费；是否明显不符合单一性原则；申请人对申请文件的修改是否明显超出了原说明书和权利要求书所记载的范围等。除了专利申请文件外，初步审查也涉及与专利申请有关的其他文件的提交是否符合要求。其中《专利法实施细则》第 51 条规定了视作专利申请未提出的情况。❷《专利法实施细则》第 50 条第 2

---

❶　《专利法》第 34 条规定："国务院专利行政部门收到发明专利申请后，经初步审查认为符合本法要求的，自申请日起满十八个月，即行公布。国务院专利行政部门可以根据申请人的请求早日公布其申请。"

❷　《专利法实施细则》第 51 条规定："除专利申请文件外，申请人向国务院专利行政部门提交的与专利申请有关的其他文件有下列情形之一的，视为未提交：（一）未使用规定的格式或者填写不符合规定的；（二）未按照规定提交证明材料的。国务院专利行政部门应当将视为未提交的审查意见通知申请人。"

款规定了专利申请驳回的情形。❶

（二）明显的实质性缺陷审查

发明的初步审查包括形式审查、明显实质性缺陷审查及合法性审查等内容。其中明显实质性缺陷无法通过补正方式克服，在审查员发出审查意见通知书后，在申请人陈述意见或者修改后依然没有消除的，审查员可以作出驳回决定。按照《专利审查指南2023》第一部分第一章第7节规定，明显实质性缺陷审查涉及《专利法》第2条。例如，申请文件仅描述了某些技术指标、优点和效果，而对解决技术问题的技术方案未作任何描述，甚至未描述任何技术内容的，审查员应当发出审查意见通知书，通知申请人在指定期限内陈述意见或者修改。申请人未在指定期限内答复的，审查员应当发出视为撤回通知书；申请人陈述意见或者补正后仍不符合规定的，审查员可以作出驳回决定。❷ 又如，修改明显超范围的，如申请人修改了数据或者扩大了数值范围，或增加了原说明书中没有相应文字记载的技术方案的权利要求，或增加一页或者数页原说明书中没有相应文字记载的技术方案的权利要求，或者增加一页或者数页原说明书或者权利要求中没有记载的发明的实质内容，审查员应当发出审查意见通知书，通知申请人该修改不符合《专利法》第33条的规定，申请人陈述意见或者补正后仍不符合规定的，审查员可以作出驳回决定。❸ 不过应当注意，专利局对于明显的实质条件缺陷的驳回应当谨慎，以免使申请人失去在实质审查阶段补救的机会。此外，如申请涉及国家安全或重大利益，还应进行保密审查。

申请人在收到补正通知书或者审查意见通知书后，应当在指定的期限内补正或者陈述意见。申请人对专利申请进行补正的，应当提交补正书和

---

❶ 《专利法实施细则》第50条第2款规定："国务院专利行政部门应当将审查意见通知申请人，要求其在规定指定期限内陈述意见或者补正；申请人期满未答复的，其申请视为撤回。申请人陈述意见或者补正后，国务院专利行政部门仍然认为不符合前款所列各项规定的，应当予以驳回。"

❷ 《专利审查指南2023》第一部分第一章第7.1节。

❸ 《专利审查指南2023》第一部分第一章第7.6节。

相应修改文件替换页。申请文件的修改替换页应当一式两份，其他文件只需提交一份。对申请文件的修改应当针对通知书指出的缺陷进行。修改的内容不得超出申请日提交的说明书和权利要求书记载的范围。❶

申请人期满未答复的，审查员应当根据情况发出视为撤回通知书或者其他通知书。申请人因正当理由难以在指定的期限内作出答复的，可以提出延长期限请求。❷

对于因不可抗拒事由或者因其他正当理由耽误期限而导致专利申请被视为撤回的，申请人可以在规定的期限内向专利局提出恢复权利的请求。❸

（三）申请的公布

申请的公布也称早期公布。专利申请的公布，也就是将专利情报资料公之于众。申请一经公布，将会有一定的法律效力。第一，公布是指本发明已经被公之于众，他人不得在我国取得相同发明的专利权，申请人依法享有优先申请和取得专利的权利。第二，专利申请一经公布，本发明就得到了暂时的保护。我国《专利法》第13条明确规定，发明专利申请公布后，申请人可以要求实施其发明的单位或者个人支付适当的费用。在发明内容公布后，申请人没有权利阻止他人使用，原因是其不一定能够获得专利权。但是，发明人对此项使用有权获得赔偿，而申请者有权提出相应的赔偿，这一点在大多数国家也是如此。但与获得专利权后的索赔权是完全不同的。这是一种暂时的保护，也就是在专利申请公开之后，阻止别人随意地使用自己的发明。申请者所拥有的权利仅为一项实体权利，在暂时的保护中没有要求或法律诉讼的权利。如果申请者在提交申请后立即撤销该申请，或该申请经过实质审查后被驳回，则其失去了请求支付使用费的权利。对于即将讨论的优先权人的发明，不管是在专利之前，还是之后，申请人都不能要求对方支付使用费。

---

❶ 《专利审查指南 2023》第二部分第八章第 5.2.1.1 节。
❷ 《专利审查指南 2023》第五部分第七章第 4.1 节。
❸ 《专利审查指南 2023》第五部分第七章第 6.2 节。

二、实质审查

(一) 实质审查的启动

实质审查一般依申请人的申请而启动，但专利局也可依职权启动。《专利法》第35条对实质审查的启动作了规定。❶

申请人在提出实质审查时，必须提供在申请日期之前所提供的与他的发明相关的信息。具有外国优先权的，可以要求申请人在规定的时间内向其提供有关信息，以便专利局对其申请进行审查。申请人可以在提交实质审查申请的同时，在实质审查之后3个月之内，对申请材料作出修改。

(二) 实质审查的程序与内容

实质审查程序是指向国家知识产权局专利局对其提交的专利申请提交实质审查请求的通知，直至其实质审查结束。对于任何一项发明专利的申请，实质审查程序结束，申请即审查结案。实质审查结案的情况有：发出专利授权通知书、专利申请撤回通知、驳回申请决定并生效、申请人自愿撤回专利申请等。

实质审查比形式审查需要对专利申请文件进行更深入和全面的审查，尤其是对发明的新颖性、创造性和实用性等问题进行审查，以确定是否授予专利权。实质审查主要审查以下问题：申请专利的发明是否为专利法所称的发明；是否违反国家法律、社会公德或妨害社会公共利益；是否属于不能取得专利的发明；是否违反保密规定；是否存在重复授权；申请专利的发明是否具备新颖性、创造性、实用性；遗传资源来源的披露；是否属于依法不授予专利权的对象；说明书是否充分公开；权利要求是否以说明书为依据，清楚、简要地要求专利保护范围，使所属领域的技术人员能够实现；独立权利要求技术方案是否完整；是否符合单一性要求；如果申请人对申请已经提出了修改，修改是否超出原说明书和权利要求书记载的范围；如

---

❶ 《专利法》第35条规定："发明专利申请自申请日起三年内，国务院专利行政部门可以根据申请人随时提出的请求，对其申请进行实质审查；申请人无正当理由逾期不请求实质审查的，该申请即被视为撤回。国务院专利行政部门认为必要的时候，可以自行对发明专利申请进行实质审查。"

果申请人对申请已经提出了分案申请，分案是否超出了原申请记载的范围。

第三节　我国实用新型专利和外观设计专利申请的审查

我国目前仅对实用新型、外观设计专利进行形式审查，其内容与发明专利初步审查内容大致相同，但在某些方面存在差异。例如，实用新型专利申请，要审查其是否属于专利法所规定的实用新型，即其技术方案是否属于对产品形状、构造或者其结合所提出的新的技术方案；对于外观设计专利申请，要审查其是否属于专利法所规定的外观设计，即是否属于对产品的形状、图案或者其结合及其色彩与形状、图案的结合所作出的富有美感并适于工业应用的新设计。此外，对于申请文件的明显实质性缺陷也会审查。

在初步审查后，国家知识产权局专利局发现申请不满足以上的形式需求和某种程度的实质性需求时，应向申请人发出通知，并在规定的时限内陈述意见或修改其申请。如申请人陈述或修正后，申请仍未满足条件，则驳回申请。没有发现驳回理由的，由国务院专利行政部门作出授予专利权的决定。

第四节　专利申请的复审

专利申请的复审是指专利申请人对国家知识产权局专利局驳回其专利申请的决定不服，依法向国家知识产权局专利局提出复审要求，由国家知识产权局专利局进行审查并作出决定的一种法定程序。

《专利法》第 41 条规定了专利申请的复审。❶ 其中复审请求人应当是专

---

❶　《专利法》第 41 条规定："专利申请人对国务院专利行政部门驳回申请的决定不服的，可以自收到通知之日起三个月内向国务院专利行政部门请求复审。国务院专利行政部门复审后，作出决定，并通知专利申请人。专利申请人对国务院专利行政部门的复审决定不服的，可以自收到通知之日起三个月内向人民法院起诉。"

利申请被专利局驳回的专利申请人，其他人无权提出复审请求。

请求复审的，应当将复审请求提交给国家知识产权局专利局复审和无效审理部，并将其理由和相关证据一并提交。在接到请求的时候，首先要进行形式审查，审查请求人的资格、请求期限、请求的格式。审查申请不符合要求的，应当在国家知识产权局专利局复审和无效审理部指定的期限内进行补充，逾期不改正的，视为没有提交复审请求。申请人在提出复审申请或对复审通知作出回复时，可以对申请材料进行变更，但变更范围应限于消除驳回决定或复审通知书中所列的瑕疵。修改后的专利申请必须一式两份。

对于经形式审查认为符合要求的，审请求书（包括附具的证明文件和修改后的申请文件）转交给审查部门进行前置审查，并由审查部门提出前置审查意见。❶ 专利局复审和无效审理部经过复审后，认为复审请求不符合专利法及其实施细则有关规定的，《专利法实施细则》第 67 条也有具体规定。❷ 在陈述意见或修正后，如果发现仍不能满足《专利法》及《专利法实施细则》的相关条款，对其进行复审的理由不能成立，应维持原驳回决定的复审决定。如果专利申请文件经过复审申请人的修改，能够弥补原驳回申请决定所指出的缺陷的，可以根据新的内容将其撤销，并将其移交给原来的审查部门。《专利法》第 41 条第 2 款规定："专利申请人对国务院专利行政部门的复审决定不服的，可以自收到通知之日起三个月内向人民法院起诉。"在国家知识产权局专利局复审和无效审理部作出复审决定前，申请人可以撤销对复审的请求，撤回复审请求后复审程序终止。

---

❶ 《专利审查指南 2023》第四部分第二章第 3.1 节。
❷ 《专利法实施细则》第 67 条第 1 款规定："国务院专利行政部门进行复审后，认为复审请求不符合专利法和本细则有关规定或者专利申请存在其他明显违反专利法和本细则有关规定情形的，应当通知复审请求人，要求其在指定期限内陈述意见。期满未答复的，该复审请求视为撤回；经陈述意见或者进行修改后，国务院专利行政部门认为仍不符合专利法和本细则有关规定的，应当作出驳回复审请求的复审决定。"

第五节　专利权的无效宣告

因为国家知识产权局专利局不对实用新型和外观设计专利申请进行实质审查，所以在已授权的实用新型和外观设计专利中会有一部分专利不符合专利法规定的实质条件。在发明专利申请经过实质审查后，可能会有审查员误判的情况，造成已授权的发明专利不符合专利法规定的授权标准的问题。为此，《专利法》第45条规定了无效宣告程序来进行补救。❶

一、启动的时间

自专利授权之日起，任何人或单位均可就此专利提起无效宣告请求。无效宣告请求不一定在专利权有效期内提出，对于已被终止或被放弃的专利权，申请人也可以提出无效宣告。

二、启动的主体资格

自专利授权之日起，任何单位或个人均可就此专利提起无效宣告请求。此处的单位和个人，包括法人、自然人和其他组织，需具备民事诉讼法上之主体资格。《专利审查指南2023》规定请求人属于下列情形之一的，其无效宣告请求不予受理："请求人不具备民事诉讼主体资格的；以授予专利权的外观设计与他人在申请日以前已经取得的合法权利相冲突为理由请求宣告外观设计专利权无效，但请求人不能证明是在先权利人或者利害关系人的，其中，利害关系人是指有权根据相关法律规定就侵犯在先权利的纠纷向人民法院起诉或者请求相关行政管理部门处理的人；专利权人针对其专利权提出无效宣告请求且请求宣告专利权全部无效、所提交的证据不是公

---

❶　《专利法》第45条规定："自国务院专利行政部门公告授予专利权之日起，任何单位或者个人认为该专利权的授予不符合本法有关规定的，可以请求国务院专利行政部门宣告该专利权无效。"

开出版物或者请求人不是共有专利权的所有专利权人的；多个请求人共同提出一件无效宣告请求的，但属于所有专利权人针对其共有的专利权提出的除外。"❶

三、启动的理由

请求启动专利无效宣告程序只能基于法定事由，具体包括：无效宣告理由仅限于是指被授予专利的发明创造不符合法定保护的客体（《专利法》第 2 条）、未遵守诚实信用原则（《专利法》第 20 条第 1 款）、不具备"三性"（《专利法》第 22 条、第 23 条）、未充分公开（《专利法》第 26 条第 3 款、第 4 款）、超出修改范围（《专利法》第 33 条）或者独立权利要求未从整体上反映技术方案（《专利法实施细则》第 23 条第 2 款）、超出原申请记载的范围（《专利法实施细则》第 49 条第 1 款）的规定，或者属于违反遗传资源的披露义务（《专利法》第 5 条）、不授予专利权的范围（《专利法》第 25 条）的规定。

四、无效诉讼

《专利法》第 41 条第 2 款规定了无效诉讼的程序。❷ 人民法院应当通知无效宣告请求程序的对方当事人作为第三人参加诉讼。让对方当事人无效宣告程序中的一项特别的程序安排。它保证了真正关心专利权利效力的两个主体，即无效宣告的请求人和专利权人，成为诉讼中的主角。这在一定程度上减轻了诉讼压力。

因涉及法院和行政机关的职权划分，法院不能直接代替国家知识产权局作出具体的审查决定，法院就是否撤销国家知识产权局的决定作出审判，法院将国家知识产权局的决定撤销后，国家知识产权局会重新作出决定。

---

❶ 《专利审查指南 2023》第四部分第三章第 3.3 节。
❷ 《专利法》第 41 条第 2 款规定："专利申请人对国务院专利行政部门的复审决定不服，可以自收到通知之日起三个月内向人民法院起诉。"

五、专利无效的后果

我国《专利法》第 47 条规定了专利无效的后果。[1] 在专利侵权案件中，当专利被宣告无效时，专利权人的起诉将丧失其合法依据。在专利权被宣布无效之后，一般不会再对已被实施的判决或完成的交易进行追溯。这一方面是维护法制的稳定；同时，鉴于专利权在存续期内确实为相关主体带来了收益，仅凭一己之力将其置于不利地位是不公正的。在特殊情况下，专利法还是支持追溯。

---

[1] 《专利法》第 47 条规定："宣告无效的专利权视为自始即不存在。宣告专利权无效的决定，对在宣告专利权无效前人民法院作出并已执行的专利侵权的判决、调解书，已经履行或者强制执行的专利侵权纠纷处理决定，以及已经履行的专利实施许可合同和专利权转让合同，不具有追溯力。但是因专利权人的恶意给他人造成的损失，应当给予赔偿。依照前款规定不返还专利侵权赔偿金、专利使用费、专利权转让费，明显违反公平原则的，应当全部或者部分返还。"

第六章　专利实质条件

第一节　新颖性

一、新颖性的概念

根据《专利法》第 22 条第 1 款的规定，授予专利权的发明和实用新型应当具备新颖性、创造性和实用性。因此，申请专利的发明和实用新型具备新颖性是授予其专利权的必要条件之一。[1] 具体来说，《专利法》第 22 条规定的新颖性，是指该发明或者实用新型不属于现有技术；也没有任何单位或者个人就同样的发明或者实用新型在申请日以前向专利局提出过申请，并记载在申请日以后（含申请日）公布的专利申请文件或者公告的专利文件中。

二、新颖性的一般判断标准

判断是否具有新颖性需要满足以下条件：一是与申请日前公开的现有技术不同；二是不存在抵触申请。需先进行现有技术的检索，找到与申请主题紧密相关的文件。具体说明如下。

---

[1] 《专利审查指南 2023》第二部分第三章第 1 节。

（一）现有技术

根据《专利法》第 22 条第 5 款的规定，现有技术是指申请日以前在国内外为公众所知的技术。现有技术包括在申请日（有优先权的，指优先权日）以前在国内外出版物上公开发表、在国内外公开使用或者以其他方式为公众所知的技术。❶

现有技术应当是在申请日以前公众能够得知的技术内容。换句话说，现有技术应当在申请日以前处于能够为公众获得的状态，并包含能够使公众从中得知实质性技术知识的内容。应当注意，处于保密状态的技术内容不属于现有技术。所谓保密状态，不仅包括受保密规定或协议约束的情形，还包括在社会观念或者商业习惯上被认为应当承担保密义务的情形，即默契保密的情形。然而，如果负有保密义务的人违反规定、协议或者默契泄露秘密，导致技术内容公开，使公众能够得知这些技术，这些技术也就构成了现有技术的一部分。

现有技术的时间界限是申请日，享有优先权的，则指优先权日。从广义上说，从申请日以前公开的技术内容都属于现有技术，但申请日当天公开的技术内容不包括在现有技术范围内。现有技术公开方式包括出版物公开、使用公开和以其他方式公开三种，均无地域限制。

1. 出版物公开

出版物是指记载有技术或设计内容的独立存在的传播载体，并且应当表明或者有其他证据证明其公开发表或出版的时间，如专利文献、科技杂志、科技书籍、学术论文、专业文献、教科书、技术手册、正式公布的会议记录或者技术报告、报纸、产品样本、产品目录、广告宣传册等，也可以是用电、光、磁、照相等方法制成的视听资料，如缩微胶片、影片、照相底片、录像带、磁带、唱片、光盘等，还可以是以其他形式存在的资料，如存在于互联网或其他在线数据库中的资料等。且出版物不受地理位置、语言或者获得方式的限制，也不受年代的限制。出版物的出版发行量多少、是否有人阅读过、申请人是否知道是无关紧要的。此外印有"内部资料"

---

❶ 《专利审查指南 2023》第二部分第三章第 2.1 节。

"内部发行"等字样的出版物，确系在特定范围内发行并要求保密的，不属于公开出版物。

出版物的印刷日视为公开日，有其他证据证明其公开日的除外。印刷日只写明年月或者年份的，以所写月份的最后一日或者所写年份的12月31日为公开日。

2. 使用公开

使用公开是由于使用而导致技术方案的公开，或者导致技术方案处于公众可以得知的状态。使用公开的方式包括能够使公众得知其技术内容的制造、使用、销售、进口、交换、馈赠、演示、展出等。只要通过上述方式使有关技术内容处于公众想得知就能够得知的状态，就构成使用公开，而不取决于是否有公众得知。但是，未给出任何有关技术内容的说明，以致所属技术领域的技术人员无法得知其结构和功能或材料成分的产品展示，不属于使用公开。如果使用公开的是一种产品，即使所使用的产品或者装置需要经过破坏才能够得知其结构和功能，也仍然属于使用公开。此外，使用公开还包括放置在展台上、橱窗内公众可以阅读的信息资料及直观资料，如招贴画、图纸、照片、样本、样品等。

使用公开是以公众能够得知该产品或者方法之日为公开日。❶

3. 其他方式的公开

为公众所知的其他方式，主要是指口头公开等。例如，口头交谈、报告、讨论会发言、广播、电视、电影等能够使公众得知技术内容的方式。口头交谈、报告、讨论会发言以其发生之日为公开日。公众可接收的广播、电视或电影的报道，以其播放日为公开日。

（二）抵触申请

现国际上多数国家采用早期公开、请求审查制。从提出申请到公开一般需要18个月，换句话说，一件申请一般要在自申请日起满18个月后才公布。假如A申请是2000年1月1日申请的，该申请将在2001年7月1日公布。与A申请为同样的发明的B申请是2000年5月1日提出的，B申请提

---

❶《专利审查指南2023》第二部分第三章第2.1.2.2节。

出时，A 申请还未公开，因此在判断 B 申请的新颖性时，尽管 A 申请是在 B 申请之前提出，但由于其在 B 申请的申请日之后才公布，因此 A 申请不能作为现有技术破坏 B 申请的新颖性，但如果不考虑 A 申请，则可能造成重复授权。

根据《专利法》第 2 条第 1 款的规定，在发明或者实用新型新颖性的判断中，由任何单位或者个人就同样的发明或者实用新型在申请日以前向专利局提出并且在申请日以后（含申请日）公布的专利申请文件或者公告的专利文件损害该申请日提出的专利申请的新颖性。为描述简便，在判断新颖性时，将这种损害新颖性的专利申请称为抵触申请。

抵触申请还包括满足以下条件的进入了中国国家阶段的国际专利申请，即申请日以前由任何单位或者个人提出，并在申请日之后（含申请日）由专利局作出公布或公告的且为同样的发明或者实用新型的国际专利申请。

另外，抵触申请仅指在申请日以前提出的，不包含在申请日提出的同样的发明或者实用新型专利申请。❶

三、新颖性的审查

发明或者实用新型专利申请是否具备新颖性，只有在其具备实用性后才予以考虑。

（一）审查原则

审查新颖性时，应当根据以下原则进行判断。

1. 同样的发明或者实用新型

被审查的发明或者实用新型专利申请与现有技术或者申请日前由任何单位或者个人向专利局提出申请并在申请日后（含申请日）公布或公告的（以下简称申请在先公布或公告在后的）发明或者实用新型的相关内容相比，如果其技术领域、所解决的技术问题、技术方案和预期效果实质上相同，则认为两者为同样的发明或者实用新型。需要注意的是，在进行新颖性判断时，审查员首先应当判断被审查专利申请的技术方案与对比文件的

---

❶ 《专利审查指南 2023》第二部分第三章第 2.2 节。

技术方案❶是否实质上相同，如果专利申请与对比文件公开的内容相比，其权利要求所限定的技术方案与对比文件公开的技术方案实质上相同，所属技术领域的技术人员根据两者的技术方案可以确定两者能够适用于相同的技术领域，解决相同的技术问题，并具有相同的预期效果，则认为两者为同样的发明或者实用新型。

2. 单独对比

在判断新颖性时，应当将发明或者实用新型专利申请的各项权利要求分别与每一项现有技术或申请在先公布或公告在后的发明或实用新型的相关技术内容单独进行比较，不得将其与几项现有技术或者申请在先公布或公告在后的发明或者实用新型内容的组合或者与一份对比文件中的多项技术方案的组合进行对比，即判断发明或者实用新型专利申请的新颖性适用单独对比的原则。这与发明或者实用新型专利申请创造性的判断方法有所不同。❷

（二）不丧失新颖性的宽限期

《专利法》第 24 条规定了不丧失新颖性的情形。❸ 申请专利的发明创造在申请日以前 6 个月内，发生《专利法》第 24 条规定的四种情形之一的，该申请不丧失新颖性，即这四种情况不构成影响该申请的现有技术。所说的 6 个月期限，称为宽限期，或者称为优惠期。

宽限期和优先权的效力是不同的。它仅仅是把申请人（包括发明人）的某些公开或者第三人从申请人或发明人那里以合法手段或者不合法手段得来的发明创造的某些公开，认为不损害该专利申请新颖性和创造性的公开。实际上，发明创造公开以后已经成为现有技术，只是这种公开在一定期限内对申请人的专利申请来说不视为影响其新颖性和创造性的现有技术，

---

❶ 《专利审查指南 2023》第二部分第三章第 3.1 节。

❷ 《专利审查指南 2023》第二部分第三章第 5 节。

❸ 《专利法》第 24 条规定："申请专利的发明创造在申请日以前六个月内,有下列情形之一的,不丧失新颖性:(一)在国家出现紧急状态或者非常情况时,为公共利益目的首次公开的;(二)在中国政府主办或者承认的国际展览会上首次展出的;(三)在规定的学术会议或者技术会议上首次发表的;(四)他人未经申请人同意而泄露其内容的。"

并不是把发明创造的公开日看作是专利申请的申请日。所以，从公开之日至提出申请的期间，如果第三人独立地作出了同样的发明创造，而且在申请人提出专利申请以前提出了专利申请，那么根据先申请原则，申请人就不能取得专利权。当然，由于申请人（包括发明人）的公开，使该发明创造成为现有技术，故第三人的申请没有新颖性，也不能取得专利权。[1]

（三）审查基准

判断发明或者实用新型有无新颖性，应当以《专利法》第22条第2款为基准。为有助于掌握该基准，以下给出新颖性判断中几种常见的情形。

1. 相同内容的发明或者实用新型

如果要求保护的发明或者实用新型与对比文件所公开的技术内容完全相同，或者仅仅是简单的文字变换，则该发明或者实用新型不具备新颖性。另外，上述相同的内容应该理解为包括可以从对比文件中直接地、毫无疑义地确定的技术内容。例如，一件发明专利申请的权利要求是"一种电机转子铁芯，所述铁芯由钕铁硼永磁合金制成，所述钕铁硼永磁合金具有四方晶体结构并且主相是 $Nd_2Fe_{14}B$ 金属间化合物"，如果对比文件公开了"采用钕铁硼磁体制成的电机转子铁芯"，就能够使上述权利要求丧失新颖性，因为该领域的技术人员熟知所谓的"钕铁硼磁体"即指主相是 $Nd_2Fe_{14}B$ 金属间化合物的钕铁硼永磁合金，并且具有四方晶体结构。

2. 具体（下位）概念与一般（上位）概念

如果要求保护的发明或者实用新型与对比文件相比，其区别仅在于前者采用一般（上位）概念，而后者采用具体（下位）概念限定同类性质的技术特征，则具体（下位）概念的公开使采用一般（上位）概念限定的发明或者实用新型丧失新颖性。例如，对比文件公开某产品是"用铜制成的"，就使"用金属制成的"同一产品的发明或者实用新型丧失新颖性。但是，该铜制品的公开并不使铜之外的其他具体金属制成的同一产品的发明或者实用新型丧失新颖性。

反之，一般（上位）概念的公开并不影响采用具体（下位）概念限定

---

[1] 《专利审查指南2023》第二部分第三章第5节。

的发明或者实用新型的新颖性。例如，对比文件公开的某产品是"用金属制成的"，并不能使"用铜制成的"同一产品的发明或者实用新型丧失新颖性。又如，要求保护的发明或者实用新型与对比文件的区别仅在于发明或者实用新型中选用了"氯"来代替对比文件中的"卤素"或者另一种具体的卤素"氟"，则对比文件中"卤素"的公开或者"氟"的公开并不导致用"氯"对其作限定的发明或者实用新型丧失新颖性。

3. 惯用手段的直接置换

如果要求保护的发明或者实用新型与对比文件的区别仅仅是所属技术领域的惯用手段的直接置换，则该发明或者实用新型不具备新颖性。例如，对比文件公开了采用螺钉固定的装置，而要求保护的发明或者实用新型仅将该装置的螺钉固定方式改换为螺栓固定方式，则该发明或者实用新型不具备新颖性。❶

4. 数值和数值范围

如果要求保护的发明或者实用新型中存在以数值或者连续变化的数值范围限定的技术特征，如部件的尺寸、温度、压力及组合物的组分含量，而其余技术特征与对比文件相同，则其新颖性的判断应当依照以下各项规定。

（1）对比文件公开的数值或者数值范围落在上述限定的技术特征的数值范围内，将破坏要求保护的发明或者实用新型的新颖性。

例1

专利申请的权利要求为一种铜基形状记忆合金，包含10%～35%（重量）的锌和2%～8%（重量）的铝，余量为铜。如果对比文件公开了包含20%（重量）锌和5%（重量）铝的铜基形状记忆合金，则上述对比文件破坏该权利要求的新颖性。

例2

专利申请的权利要求为一种热处理台车窑炉，其拱衬厚度为100～400毫米。如果对比文件公开了拱衬厚度为180～250毫米的热处理台车窑炉，

---

❶ 《专利审查指南2023》第二部分第三章第3.2.3节。

则该对比文件破坏该权利要求的新颖性。

（2）对比文件公开的数值范围与上述限定的技术特征的数值范围部分重叠或者有一个共同的端点，将破坏要求保护的发明或者实用新型的新颖性。

例1

专利申请的权利要求为一种氮化硅陶瓷的生产方法，其烧成时间为1~10小时。如果对比文件公开的氮化硅陶瓷的生产方法中的烧成时间为4~12小时，由于烧成时间在4~10小时的范围内重叠，则该对比文件破坏该权利要求的新颖性。

例2

专利申请的权利要求为一种等离子喷涂方法，喷涂时的喷枪功率为20~50kW。如果对比文件公开了喷枪功率为50~80kW的等离子喷涂方法，因为具有共同的端点50kW，则该对比文件破坏该权利要求的新颖性。

（3）对比文件公开的数值范围的两个端点将破坏上述限定的技术特征为离散数值并且具有该两端点中任一个的发明或者实用新型的新颖性，但不破坏上述限定的技术特征为该两端点之间任一数值的发明或者实用新型的新颖性。❶

例3

专利申请的权利要求为一种二氧化钛光催化剂的制备方法，其干燥温度为40℃、58℃、75℃或者100℃。如果对比文件公开了干燥温度为40~100℃的二氧化钛光催化剂的制备方法，则该对比文件破坏干燥温度分别为40℃和100℃时权利要求的新颖性，但不破坏干燥温度分别为58℃和75℃时权利要求的新颖性。

（4）上述限定的技术特征的数值或者数值范围落在对比文件公开的数值范围内，并且与对比文件公开的数值范围没有共同的端点，则对比文件不破坏要求保护的发明或者实用新型的新颖性。

---

❶ 《专利审查指南2023》第二部分第三章第3.2.4节。

例4

专利申请的权利要求为一种内燃机用活塞环，其活塞环的圆环直径为95毫米，如果对比文件公开了圆环直径为70～105毫米的内燃机用活塞环，则该对比文件不破坏该权利要求的新颖性。

例5

专利申请的权利要求为一种乙烯-丙烯共聚物，其聚合度为100～200，如果对比文件公开了聚合度为50～400的乙烯-丙烯共聚物，则该对比文件不破坏该权利要求的新颖性。

第二节 创造性

发明创造具备创造性的前提是其具备新颖性，专利法不仅对具备新颖性的新技术创造进行鼓励和保护，最主要的是以保护具备创造性的先进技术来推动技术和经济发展。因此，大部分国家的专利法都规定发明创造必须具备创造性。

一、创造性概念

创造性是指该发明与现有技术相比有突出的实质性特点和显著的进步。

（1）突出的实质性特点。发明与其所属技术领域的一般技术人员无法从现有技术中直接得出构成这一发明的所有必需技术特征即为突出的实质性特点，也就是说，发明与现有技术具有根本上的不同。换言之，该发明与现有技术之间的差异对于发明所属技术领域的一般技术人员而言并不明显，只有该发明才具有突出的实质性特点。

（2）显著的进步。所谓"进步"，是指一项发明相对于现有技术来说，取得了一种新的技术优势，并且能够产生更好的技术效果，而不是仅仅保持当前的技术水准，也就是说，一项发明不仅克服了现有技术的缺陷同时具有显著的优势或者意想不到的影响，而且代表了某一领域的技术发展动向。

（3）判断的人员标准。发明是否具备创造性，应当以所属技术领域的技术人员的知识和能力为基础进行评价。所属技术领域的技术人员，也可称为本领域的技术人员，是指一种假设的"人"，假定在申请日或者优先权日以前，他知道本技术领域全部的普通技术知识，了解领域内全部的已有技术，并且具有应用该日期之前常规实验手段的能力，但他不具有创造能力。如果所要解决的技术问题能够促使本领域的技术人员在其他技术领域寻找技术手段，他也应具有从该其他技术领域中获知该申请日或优先权日之前的相关现有技术、普通技术知识和常规实验手段的能力。❶

二、发明创造性的审查

（一）审查原则

根据《专利法》第 22 条第 3 款的规定，审查发明是否具备创造性，应当审查发明是否具有突出的实质性特点，同时还应当审查发明是否具有显著的进步。在对一项发明的创造性进行评估时，审查员在考虑其技术方案自身的同时，还要将其所属的技术领域、所解决的技术问题及所产生的技术效果作为一个整体来看待。在审查创造性时，与"单独对比"的新颖性审查原则存在差异，其是把一个或多个已有技术的不同技术要素结合起来，来评估要求保护的发明。

如果一项独立权利要求具备创造性，则不再审查该独立权利要求的从属权利要求的创造性。

（二）审查基准

《专利法》第 22 条第 3 款明确规定如何评价发明是否具备创造性。为了更好更准确地理解这一基准，以下是对突出的实质性特点的一般评判和显著的评判准则。

判断该发明是否具有突出的实质性特点，是根据该项发明所属技术领域的技术人员要求保护的发明相比已有技术是否显而易见，是判断其是否

---

❶ 《专利审查指南 2023》第二部分第四章第 2.4 节。

具有突出的实质性特点的依据。若与已有技术相比，要求保护的发明是显而易见的，说明其不具有突出的实质性特点；反之，若与已有技术相比，要求保护的发明不是显而易见的，则说明其具有突出的实质性特点。

与已有技术相比，要求保护的发明是否显而易见，可以通过以下三个步骤判断。

1. 确定最接近的现有技术

最接近的现有技术，是指现有技术中与要求保护的发明最密切相关的一个技术方案，它是判断发明是否具有突出的实质性特点的基础。例如，最接近的现有技术可以是与要求保护的发明技术领域相同，所要解决的技术问题、技术效果或者用途最接近和/或公开了发明的技术特征最多的现有技术，或者虽然与要求保护的发明技术领域不同，但能够实现发明的功能，并且公开发明的技术特征最多的现有技术。

2. 确定发明的区别特征和发明实际解决的技术问题

审查时要对发明实际解决的技术问题进行客观的分析和确认。为了这一目的，应当首先分析与最近的已有技术相比要求保护的发明与其之间的差异，然后通过此差异在要求保护的发明中所能实现的技术效果来确定发明实际解决的技术问题。发明实际解决的技术问题，是指通过对最接近的已有技术改进，实现具有更好的技术效果的技术任务。在审查过程中，因为在说明书中申请人描述的已有技术与在审查过程中审查员所确定的最接近的已有技术可能不一致，故说明书中方所述技术问题与以最接近的已有技术为基础重新确定的该发明实际解决的技术问题可能存在差异；此时，应根据审查员所认定的最接近的已有技术重新确定发明实际解决的技术问题。重新确定的技术问题可能取决于每项发明的具体情况。作为一个原则，只要所属技术领域的技术人员能够从该申请说明书中所记载的内容了解到该技术效果，发明的任何技术效果都可以被用作重新确定技术问题的依据。对于功能上彼此相互支持、存在相互作用关系的技术特征和它们之间的关系应当作为一个整体来考虑。

3. 判断要求保护的发明对本领域的技术人员来说是否显而易见

在该步骤中，判断要求保护的发明对本领域的技术人员来说是否显而易见，要根据最接近的现有技术和发明实际解决的技术问题来判断。在判断过程中，要确定的是现有技术整体上是否存在某种技术启示，即现有技术中是否给出将上述区别特征应用到该最接近的现有技术以解决其存在的技术问题（即发明实际解决的技术问题）的启示，这种启示会使本领域的技术人员在面对所述技术问题时，有动机改进该最接近的现有技术并获得要求保护的发明。如果现有技术存在这种技术启示，则发明是显而易见的，不具有突出的实质性特点。❶

第三节　实用性

一、实用性的概念

实用性又称工业实用性或产业实用性。它既是发明或实用新型的技术属性，又是其社会属性。由于专利法的目的是推动技术与经济的发展，因此如果技术方案不具有实用性，就不能获得专利权。实用性也可以说是对发明或实用新型授予专利权的社会理由。❷

《专利法》第 22 条第 4 款规定："实用性，是指该发明或者实用新型能够制造或者使用，并且能够产生积极效果。"其中，能够制造使用是指如果申请的是产品（包括发明和实用新型），则必须能够在产业中制造，并且能够解决技术问题；如果申请的是方法（仅限发明），则必须能够在产业中使用，并且能够解决技术问题。只有满足上述条件的产品或者方法专利申请才可能被授予专利权。所谓产业，它包括工业、农业、林业、水产业、畜牧业、交通运输业及文化体育、生活用品和医疗器械等行业。

能够产生积极效应，是指本领域技术人员能够预见该发明或实用新型的专利申请在提交申请之日所产生的经济、技术和社会的效果。这种影响

---

❶ 《专利审查指南 2023》第二部分第四章第 3.2.1.1 节。

❷ 冯晓青.专利法[M].北京:法律出版社,2010:125-126.

应该是正面且有益的。比如，新产品的供应，产量和质量的提高，产品功能的增加，能源和原料的节约等。明显无益、严重污染环境或者严重浪费能源的发明或者实用新型，不具备实用性。❶

二、实用性的审查

在审查过程中，审查员需在审查新颖性和创造性之前判断一项发明专利申请是否具备实用性。如果该发明申请不具备实用性，就没有必要再进行检索及新颖性和创造性的审查。因为实用新型专利申请实行的是初步审查制，仅对明显缺乏实用性的情形进行审查。

（一）审查原则

审查发明或者实用新型专利申请的实用性时，应当遵循以下原则。

第一，以申请日提交的说明书（包括附图）和权利要求书所公开的整体技术内容为依据，而不仅仅局限于权利要求所记载的内容。

新颖性和创造性的审查是针对权利要求的技术方案进行的，对实用性的审查虽然也针对的是要求保护的发明，但应当在考虑说明书的内容后作出判断，因为通常很难从权利要求的内容中正确地判断其实用性。

第二，实用性与所申请的发明或者实用新型是怎样创造出来的或者是否已经实施无关。❷

要求保护的发明或者实用新型具有实用性，并非要求其在申请时已经制造出来或者已经使用，凡是其所属技术领域的技术人员以说明书所公开的技术内容为基础，经过常规的试验和设计后，就能够制造或者使用该发明或者实用新型，则可认为该发明或实用新型能够制造或使用。

（二）审查基准

《专利法》第22条第4款所说的"能够制造或者使用"是指发明或者实用新型的技术方案在产业中能够被制造或使用。满足实用性要求的技术方案不能违背自然规律并且应当具有再现性。因不能制造或者使用而不具

---

❶ 《专利审查指南2023》第二部分第五章第2节。
❷ 《专利审查指南2023》第二部分第五章第3.1节。

备实用性是由技术方案本身固有的缺陷引起的，与说明书公开的程度无关。以下属于不具备实用性的几种主要情形。

1. 无再现性

再现性，是指所属技术领域的技术人员，能够以公开的技术内容为基础重复实施专利申请中以解决技术问题为目的的技术方案。这种重复实施不能依靠任意的随机因素，而实施结果也应一致。

但是，值得注意的是，申请发明专利或实用新型的产品，其成品率较低和无再现性之间存在着本质上的差异。成品率低时可重复实施，仅因在实施过程中没有保证特定的技术条件（如环境洁净度、温度等）而造成品率较低；而无再现性是在保证所有特定的技术条件下，本领域的技术人员仍然无法重复实现本技术方案所要求的成果。

2. 违背自然规律

具备实用性的发明或者实用新型专利申请必须符合自然规律。违背自然规律的发明或者实用新型专利申请无法实现，因而不具备实用性。比如，永动机这一类发明或者实用新型专利申请，因其违背能量守恒定律，必然是不具备实用性的。

3. 利用独一无二的自然条件的产品

具有实用性的发明或实用新型的专利申请不能是利用独一无二的自然条件的产品。利用特定的自然条件建造的自始至终都是不可移动的唯一产品，不具备实用性。由于以上所描述的使用独特的自然条件的产品不具有实际意义，因此不能将其部件视为其自身的实用性。尽管利用独一无二的自然条件的产品不具备实用性，但是其构件本身可能具备实用性，需要根据具体情况而定。

4. 人体或者动物体的非治疗目的的外科手术方法

外科手术方法分为治疗目的和非治疗目的手术方法两种，因为其实施对象是具有生命特征的人或有生命的动物，不能用于工业生产，因而不具备实用性。比如，为了美观而进行的外科手术，或使用从活牛身体上取出牛黄的外科手术，以及用于辅助诊断的外科手术（如实施冠状动脉造影前采用的外科手术）。

5. 测量人体或者动物体在极限情况下的生理参数的方法

由于对人体或动物体在极限状态下的生理参数的测定要求将被测对象处于极限环境中，从而对其生命造成了一定的危险，而不同的人或动物所能承受的极限状态也不尽相同，这就要求有经验的测验人员根据被测对象的情况来确定其耐受的极限条件，所以这种方法不能用于工业生产，不具有实用性。比如，用逐步降低人体或动物的温度来衡量人体或动物的抗寒能力。

6. 无积极效果

具备实用性的发明或者实用新型专利申请的技术方案应当能够产生预期的积极效果。明显无益、脱离社会需要的发明或者实用新型专利申请的技术方案不具备实用性。❶

---

❶ 《专利审查指南 2023》第二部分第五章第 3.2.6 节。

第七章 专利挖掘与布局的
理论及案例

第一节 专利挖掘与布局概念

一、专利挖掘

(一) 定义

专利挖掘是一项具有创造性的活动,以创新的观点审视研发过程中的疑难问题。专利挖掘是指有目地对技术创新成果进行解析和选择,进而寻求最合理的权利保护范围确定技术创新点和技术方案。技术挖掘和权利挖掘是专利挖掘的两个基础。技术挖掘是指发掘技术创新点并梳理得到技术方案;权利挖掘是指对创新成果进行权利要求的最大化保护。权利挖掘是指对创新成果进行权利要求的最大化保护。

(二) 作用

专利挖掘对技术创新具有十分重要的意义。

通过专利发掘,对技术创新成果的主要发明点进行准确的捕捉,合理设计专利申请中的各项权利要求,既能最大限度地保障其专利权利要求的法律稳定性,又能提高专利申请的整体质量。

通过专利挖掘，全面、充分、有效地保护技术创新成果，对可能具有专利申请价值的各主要技术点及其外围的关键技术进行全面梳理并掌握，通过将核心专利与外围专利有机地结合在一起，形成一张严密的专利网络，在严防专利保护中的漏洞的同时，也能培养和提升公司的核心能力。此外，利用专利挖掘以便在较短的时间内发现竞争对手能够威胁自身的重要专利，从而通过设计来规避专利风险。

二、专利布局

（一）定义

专利布局是综合考虑产业、市场、技术、法律等因素，在申请领域、地区、时间、类型及数量等方面进行有针对性、策略性和前瞻性的专利申请，或通过其他方式获取专利，最终形成对企业有利格局的专利组合。

（二）作用

第一，高效保护自身技术，保护自身市场。

布局基础专利，设置屏障，占领先机；随后布局丛林式专利，巩固地位，避免他人侵入，保护自身技术和市场。

第二，跑马圈地，占领市场高地。

如果产品进入市场时未进行专利布局，则易错失企业壮大的良机，失去了自身技术和市场，跌入深渊。街电公司通过购买方式储备专利时，未考虑专利整体布局及专利自身的权利布局，丧失了谈判筹码，难以与竞争对手抗衡；苹果公司申请专利时，未进行规避设计的布局，对竞争对手的渗入束手无策。

第三，提高诉讼、转让许可的标的额，增加企业的收益。

利用专利运营赚取收益，利用专利组合获取高额的转让利益。

第四，攻防竞争对手，阻碍竞争对手进入市场或发展壮大。

布局核心专利，再延伸布局产业链及应用领域专利，独占市场，保持领先地位。

第二节　专利挖掘方法和专利布局模式

一、按照委托方有无技术方案进行挖掘

（一）针对已有方案的挖掘

一般思路包括纵向挖掘和横向挖掘，纵向挖掘主要突出对已有方案的替代方案进行挖掘，所谓"条条道路通罗马"；横向挖掘主要突出对已有的方案进行更细、更全面的挖掘，做到"打破砂锅问到底"。针对委托方的已有方案通常包括研发成果、自有资源，并从创新点和技术方案两个方面着手，技术方案包括从技术问题出发、从创新点组合出发两个方面。创新点通常包括项目创新点和技术创新点，项目创新点涉及研究方法改进、设备改进和研究标准变化；而技术创新点一般从产品整体、产品零部件、生产设备和生产方法工艺等展开进一步挖掘沟通。

（二）针对没有方案的挖掘

需从问题入手，寻找解决问题的手段，那么问题从哪里来呢？通常建议紧扣以下方向去确定，分别包括：第一，在研发、测试、生产中遇到的问题；第二，在产品使用过程中客户反馈的问题；第三，客户的新需求；第四，行业技术的发展趋势提出的要求。当然，也可从同行、跨行进行借鉴，包括转用技术、组合技术和变更技术。针对委托方没有方案的挖掘思路包括从委托方已申请或公开专利、委托方已上市产品、竞争对手已公开专利、竞争对手产品和前沿领域技术五个方面，针对委托方已申请/公开专利要侧重找专利的整体布局漏洞、文件撰写漏洞；针对委托方已上市产品以及竞争对手产品，重点在于查看保护漏洞、产品购买方的体验并寻找新问题。针对竞争对手已公开专利，可围绕包绕式布局和改进式布局进行；至于如何寻找前沿领域技术，可从高校研究资料和龙头企业专利着手。

二、按照委托方专利布局的目的进行挖掘

从委托方专利布局的目的出发，专利挖掘通常包括竞争对手核心专利的专利挖掘、针对规避设计的专利挖掘、基于发明问题的解决理论（Theory of the Solution of Inventive Problem，TRIZ）专利挖掘、基于专利地图专利挖掘，以及基于研发项目和创新点的专利挖掘，其中基于研发项目和创新点的专利挖掘最常见，基于研发项目，可从产品结构、产品功能、产品应用、产品测试和产品生产几个方面着手，产品结构一般又包括产品零部件、产品整体的挖掘，产品整体主要涉及产品外形、产品结构、组装工具和组装方法。围绕创新点，可以从新结构、新方法和新物质方向去挖掘沟通。

三、专利布局模式

（1）路障式专利布局：对自己特定的技术点进行布局保护。

优点：申请与维护成本较低。

缺点：让竞争对手有机会通过规避设计来突破障碍。

适用情形：产业的基础技术；企业初创缺乏资金时；技术领先企业阻击申请。

（2）城墙式专利布局：除了对特定技术点进行保护，还对其规避设计进行保护。

优点：保护更严密，避免竞争对手侵入自己的领域。

缺点：相对路障式专利布局耗费更多的成本。

适用情形：同一问题有多种解决方式，规避成本低。

（3）地毯式专利布局：对各个技术点、各个延伸方向进行城墙式布局。

优点：牢固的专利网，让竞争者无渗入缝隙。

缺点：耗费大量的资金和人力成本。

适用情形：适用于各个方向都有研发成果，处于行业领先或想要处于领先地位的企业。

（4）包绕式专利布局：对竞争对手的核心专利进行包绕式专利申请。

优点：阻碍竞争对手对核心专利的有效利用，可根据需要进行。

适用情形：自身发展受竞争对手核心专利的制约，或担心未来受制约。

第三节　挖掘过程中的准备和沟通

一、专利技术交底书

在专利申请过程中，一般是由发明人向专利代理师提交一份技术交底书，再由专利代理师负责以技术交底书为基础起草专利申请文件。技术交底书不仅是专利申请文件的基石，而且高质量的技术交底书可以帮助专利代理师更便捷地了解技术方案，缩短双方的交流时间，提升专利申请的工作效率，提高专利申请的质量。

所有技术交底书都必须遵循一条逻辑，那就是：本发明要解决的技术问题—解决该问题的技术方案—该技术方案所产生的技术效果。这个思路和发明的过程是一致的，在通常情况下，发明过程是：技术人员在工作中遇到了技术问题，然后根据这个问题设计出技术方案，并用此技术方案来解决技术问题。技术人员在编写交底书时要完成的工作是将自己的发明过程和技术计划清晰地写出来。

在一般情况下，为完成申请文件的编写，代理机构会有制式的技术交底书模板，上面会详细说明发明人需要提供的所有内容和要求。

技术交底书一般应当包括以下内容：①发明或实用新型的名称；②所属技术领域；③背景技术；④发明目的或任务；⑤实现发明目的的具体技术方案；⑥发明的有益效果；⑦附图说明；⑧具体实施方式或实施例；⑨说明书附图。

当然，技术交底书的内容和形式不是一成不变的，各代理机构会根据实际需要不断完善和调整，以期清楚、明白地指导发明人提供所需技术内容。

由于每个人对技术交底书的理解和重视程度不同，发明人提供的技术交底书并不总是符合专利代理师的期望。因此，在专利文件撰写之前或撰写过程中，专利代理师应当与发明人反复沟通以获取所需技术信息。

二、委托方对接基本礼仪和技巧

专利代理师与"发明人或客户"（指代"委托方"）之间的交流是其基本技能，是撰写申请文件和答复审查意见通知书的依据。在交流的时候，要注意礼貌，条理清晰和不卑不亢，这三个方面，既体现公司的形象，也体现了员工的素质。

（一）与发明人沟通的内容

1. 技术方案

技术交底书中难免有对技术方案的描述不清楚之处，专利代理师通过阅读交底无法完全理解技术方案，因此必须与发明人沟通以理解方案。与发明人的沟通是在对技术交底书进行一定理解、查阅相关资料及初步检索的基础上进行的。在沟通之前，可先将疑问一一列出，防止在沟通时遗漏。当然，对于结构简单、能够完全理解的方案，可以省去技术方案的沟通。

2. 拓展方案

适当地拓展技术方案是专利代理师能力的一种体现，能够增加方案的实施方式，扩大保护范围，因此在对技术方案有拓展思路时，必须与发明人进行沟通，须征得发明人的同意并配合补充相关的结构图，建议不要在发明人未认可的情况下直接进行拓展方案的撰写，避免自行拓展的方案实用性不强，或者在自行撰写后发明人不接受，导致事倍功半。

3. 稿件修改

在返初稿后，针对发明人提出的修改意见，专利代理师进行相应的修改，部分不太了解专利的发明人会提出一些不合理的修改意见，专利代理师针对此类问题应耐心地跟发明人解释清楚，对于能修改而且不影响保护范围的情况下，尽量满足发明人的需求，能够减少与发明人的沟通时间，也能提高发明人的满意度。

（二）与发明人沟通的原则

1. 减少沟通次数

沟通次数多的话不仅会占用发明人太多时间，影响发明人的工作，而且还会给发明人留下不太专业的印象，因此，尽量将沟通的内容一次性记录清楚，争取在撰写前将沟通次数减少为一次。

在与发明人交流之前，尽可能用检索及查阅相关资料的方法了解交底书中的技术方案，并列出权利要求的提纲，在此过程中将方案中没有详细说明的技术特征找到，最后，提出一个扩展的思路，将所有需要交流的内容都记录下来。

在沟通的最开始，可就本申请解决的主要问题和采用的主要技术方案与发明人进行确认，确定沟通的主线，也可让发明人感觉到专利代理师对技术方案是有一定了解的。对于方案较简单、领域较熟悉的案件，专利代理师应做到对技术方案有整体全面的理解，此时与发明人的沟通其实应该是对技术方案的确认。对于方案较复杂的案件，专利代理师应在沟通之前对要提问的问题组织好语言，首先介绍技术特征和产生的技术效果，接着重点引导发明人解释交底书中交代不清楚的技术特征及解决的技术问题，指导发明人扩展主要技术方案。为了确保交流的有效性，在与发明人交流之前专利代理师需要安排问题的顺序并且提前思考合适的叙述方式，这样既可以提高交流的效率，又可以防止出现疏漏。

通常专利代理师采用电话与发明人沟通，当发明人不太方便接听电话时，可以选择以电话为主、以微信为辅的方法与发明人进行交流。使用微信联络的优势有：可以使用图片和文字描述问题，提高交流的效率；同时发明人也有足够的时间思考如何有逻辑地回答专利代理师的问题；发明者也可以在空闲的时候回复微信，不会存在无法接通电话的状况；在随后的撰写中，按照发明人的阐述便于多次且深入地理解其发明点。对于问题较多的案件，最好将问题整理为 Word 文档，通过电子邮件的方式询问发明人，便于发明人抽空一次性将问题解答。

2. 尽量满足发明人的意见

专利代理是一种服务性行业，客户尤其是发明人的评价是重要的口碑，专利代理师的撰写能力及沟通能力直接影响着发明人的体验和口碑。表现在与发明人的沟通上，在不影响专利质量的情况下，尽量满足发明人的意见。当然，发明人如果提出不专业的意见或不合理的要求时要做到耐心解释，适当拒绝。

（三）与发明人沟通的注意事项

（1）选择在工作日沟通，对于时间的选择，要避开中午休息时间，一般在刚上班的时间，许多技术人员会有开会等事项，因此，时间最好选在上午十点至十二点之间及下午两点至五点之间。尽量做到配合发明人的时间，对于发明人在专利代理师的休息时间询问专利的情况，如果专利代理师有空，尽量及时回复并解答发明人的疑问，如果专利代理师没时间，可以直接跟发明人说明现在是休息时间，上班后会及时与其联系。总之对发明人的问题要做到耐心、及时。

（2）沟通文字内容的编辑，无论是电子邮件还是微信沟通，在询问时，要一次性将问题全部编号罗列，以便发明人有空时一次性解答。文字编辑时要注意礼貌用语，在文字中要体现出需要发明人下一步反馈的内容及反馈截止时间，便于发明人了解下一步需进行的事项。在文字部分发送之后，尤其是发送的电子邮件，由于多数发明人是现场的技术人员，较少登录电子邮箱，因此在电子邮件发送后及时打电话通知发明人。还有，对于不太了解的技术领域，为了防止专利代理师对一些专业知识的理解有误，在返稿阶段将稿件中的相应部分进行标注，并让发明人重点检查，防止撰写错误的情况发生。

在专利撰写的整个过程中，要以保证发明人的满意度为最终目标，因此，不仅要保证专利文件的质量，与发明人的沟通保持高效专业也会给发明人留下好的印象，最终提高整个公司的形象。

（四）如何让客户有一个好的体验感？

（1）挖掘前先了解客户的需求及习惯等，明确挖掘目的，做好准备，带上笔记本、笔、笔记本电脑，备上挖掘过程中可能使用到的工具、清单、表格等，注意礼仪礼表，着装整洁得体。

（2）在挖掘前，先了解客户的基本情况（如专利保护情况、产品生产情况等）以及现有技术，后续才能够快速理解客户的讲述，积极和客户互动，并提一些与技术方案切合的问题；挖掘开始时，先向客户问好，然后自我介绍，并询问在挖掘过程中能否录音、照相等进行信息留存；注意提问的逻辑性，如可从整体到局部、从大到小进行提问，确保每部分结构都能了解到。

（3）在与客户沟通前，可先将问题拟出，尽量不临时发问，不重复提问；适时与客户互动，给出回应，让客户知晓我们在认真听他的回答，不随意否定客户，觉得客户说法有误时，有可能是我们理解错误，先肯定客户的想法，再提出我们的疑惑。

（4）提问简单、清楚，不使用大量定语，不要过分铺垫。提问时，要进行举例或者给客户提供多个选择，让客户做选择题而不是简答题；认真倾听，不随意打断客户，记录关键技术点及问题。

（5）控制语速语调，说话不要过快或过慢；沟通期间或最后，如果可以，适当地提出1~2点好的建议，表明我们与客户是站在同一阵营的，我们会为客户考虑。

（6）挖掘将要结束时，应当复述所理解的方案和技术点，供客户确认是否理解正确；如果技术点内容较多，可分点阐述。挖掘后，相互留联系方式，便于后面的沟通交流；最后对客户表示感谢。

第八章　专利制图理论及案例

第一节　二维图绘制

一、机械制图与识图基础知识

（一）基础知识介绍

1. 机械制图与识图的概念

在机械工程中使用的图纸称为机械图纸。机械制图与识图是以机械图纸为对象，研究如何运用正投影原理，绘制和阅读机械工程图纸。

2. 机械图纸的作用

图纸是工厂组织生产、制造零件和装配机器的依据；图纸是表达设计者设计意图的重要手段，图纸是工程技术人员交流技术思想的重要工具，被誉为"工程界的技术语言"。

3. 机械制图的基本规定

（1）图纸幅面和标题栏。图纸幅面简称图幅或幅面，是指图纸面积的规格。绘图时，应符合规定的基本幅面和图框尺寸（表 8-1）。用粗实线画出图框，可将其分为留装订边和不留装订边两种格式，但同一制品只能采用其中一种格式。

表 8-1　图纸幅面尺寸　　　　　　　　　　　单位：mm

幅面代号	A0	A1	A2	A3	A4
B×L	841×1 189	594×841	420×594	297×420	210×297
a	25				
c	10			5	
e	20		10		

（2）标题栏。标题栏的外框线用粗实线、框内格线用细实线（图 8-1）。

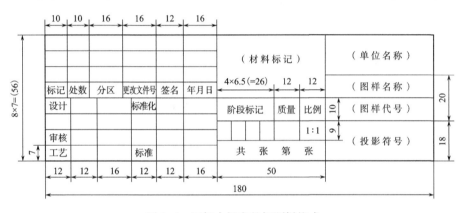

图 8-1　国标中规定的标题栏格式

（3）比例要求。比例是指图样中机件要素的线性尺寸与实际机件相应要素的线性尺寸之比。绘图时应选用国家标准中规定的绘图比例。为了让图纸更直观地反映机器的实际尺寸，在必要时，尽量采用 1：1 的比例。对于大型、简易的机件通常采用缩小比例；对于小型、复杂的机件通常采用放大比例。但在标注尺寸时，一律标注机件的实际尺寸，并在标题栏的"比例"一栏中填写所选用的比例值（表 8-2）。

表 8-2　绘图的比例

原值比例	1：1
缩小比例	（1：1.5）1：2（1：2.5）（1：3）（1：4）1：5（1：6）$1：1\times10^n$（$1：1.5\times10^n$） $1：2\times10^n$（$1：2.5\times10^n$）（$1：3\times10^n$）（$1：4\times10^n$）$1：5\times10^n$（$1：6\times10^n$）
放大比例	2：1（2.5：1）（4：1）　　5：1　$1\times10^n：1$　$2\times10^n：1$　$2.5\times10^n：1$（$4\times10^n：1$）

（4）图线及其应用。机械图中采用粗、细两种线宽。在实际应用时，粗线宽度 d 优先采用 0.5mm 或 0.7mm；细线宽度为 $d/2$（表 8-3）。

表 8-3　图线及其应用

序号	线型	名称	一般应用
1	————————	细实线	过渡线、尺寸线、尺寸界线、剖面线、指引线、螺纹牙底线、辅助线等
2	～～～	波浪线	断裂处边界线、视图与剖视图的分界线
3	～ｲｲｲ～	双折线	断裂处边界线、视图与剖视图的分界线
4	————————	粗实线	可见轮廓线、相贯线、螺纹牙顶线等
5	- - - - - -	细虚线	不可见轮廓线
6	━ ━ ━ ━	粗虚线	表面处理的表示线
7	—‧—‧—‧—	细点画线	轴线、对称中心线、分度圆（线）、孔系分布的中心线、剖切线等
8	━‧━‧━	粗点画线	限定范围表示线
9	—‧‧—‧‧—	细双点画线	相邻辅助零件的轮廓线、可移动零件的轮廓线、成形前轮廓线等

（二）机械制图基础

1. 投影法

投影法：用物体的影子表达物体的形状和大小的方法（图 8-2）。

投影法 {
中心投影法：过一个投影中心（点光源）将物体投影至某投影面上的方法。
平行投影法：把光源移到无限远处，用平行光将物体投影到某投影面上的方法。
}

图 8-2　投影法

2. 三视图

为了确定物体的长、宽、高和结构形状，通常采用三个相互垂直相交的投影面建立一个三投影面体系，再用正投影法将物体（所有面）同时向三投影面投影形成图形。

在三投影面体系中，三个投影面分别为：

正立投影面：简称正面，用 V 表示；水平投影面：简称水平面，用 H 表示；侧立投影面：简称侧面，用 W 表示（图 8-3）。

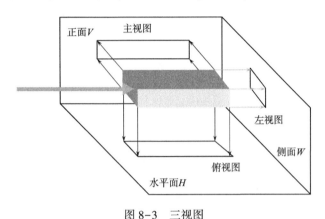

图 8-3 三视图

3. 基本几何体的投影

（1）棱柱。

以正六棱柱为例，讨论其视图特点。

如图 8-4 所示位置放置六棱柱时，其两底面为水平面，H 面投影具有全等性；前后两侧面为正平面，其余四个侧面是铅垂面，它们的水平投影都积聚成直线，与六边形的边重合。

从图 8-4 可知直棱柱三面投影的特征：视图（a）有积聚性，反映柱形状特征；视图（b）和（c）都是由实线或虚线组成的矩形线框。

（2）棱锥。

以正三棱锥为例，讨论其视图特点。

如图 8-5 所示，正三棱锥底面平行于水平面而垂直于其他两个投影面，所以俯视图为一个正三角形，主、左视图均积聚为一直线段，棱面 SAC 垂直于侧面，倾斜于其他投影面，所以左视图积聚为一直线段，而主、俯视图均为类似形；棱面 SAB 和棱面 SBC 均与三个投影面倾斜，它们的三个视图均为比原棱面小的三角形（类似形）。

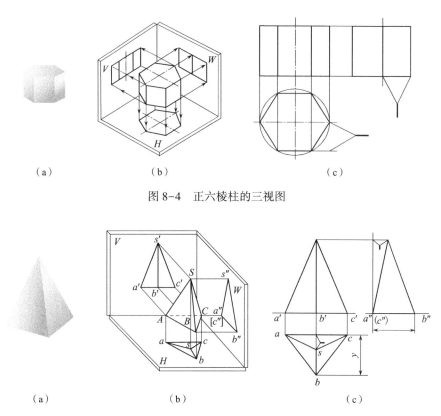

（a）　　　　　　（b）　　　　　　　　　（c）

图 8-4　正六棱柱的三视图

（a）　　　　　　（b）　　　　　　　　　（c）

图 8-5　正三棱锥的三视图

棱锥的视图特点：视图（a）为多边形，视图（b）和（c）为三角形线框。

（3）圆柱。

圆柱体的三视图如图 8-6 所示。圆柱轴线垂直于水平面，则上下两圆平面平行于水平面，俯视图反映实形，主、左视图各积聚为一直线段，其长度等于圆的直径。圆柱面垂直于水平面，俯视图积聚为一个圆，与上、下圆平面的投影重合。圆柱面的视图（b）、（c），要画出决定投影范围的转向轮廓线（即圆柱面对该投影面可见与不可见的分界线）。

圆柱的视图特点：视图（a）为圆，视图（b）、（c）为方形线框。

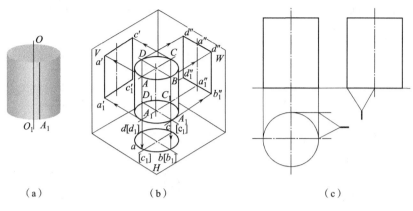

（a） （b） （c）

图 8-6　圆柱体的三视图

（三）机械识图基础

1. 机件的表达方法

（1）基本视图。为了清晰地表达机件六个方向的形状，可在 H、V、W 三投影面的基础上再增加三个基本投影面。这六个基本投影面组成了一个方箱，把机件围在当中。

机件在每个基本投影面上的投影都称为基本视图。展开后，六个基本视图的位置关系和视图名称如图 8-7 所示。按图所示位置在一张图纸内的基本视图一律不注视图名称。

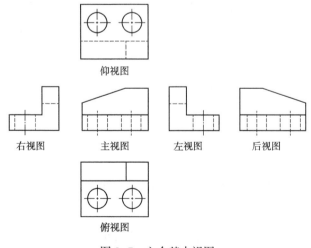

仰视图

右视图　　主视图　　左视图　　后视图

俯视图

图 8-7　六个基本视图

（2）局部视图。只将机件的某一部分向基本投影面投射所得到的图形称为局部视图（图8-8）。

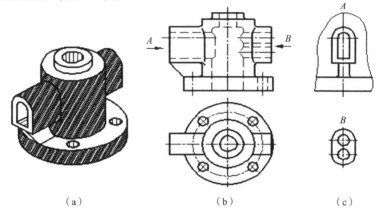

（a） （b） （c）

图8-8　局部视图

（3）剖视图。想象用一剖切平面剖开机件，然后将处在观察者和剖切平面之间的部分移去，而将其余部分向投影面投影所得的图形，称为剖视图（图8-9）。

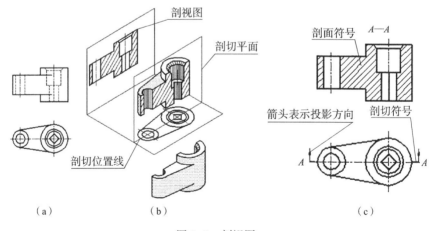

（a） （b） （c）

图8-9　剖视图

目的：清晰地表达内部结构较复杂的机件的内部形状和结构。

2. 常用零件图的表达

（1）齿轮：各种类型的齿轮如图8-10所示。

（2）弹簧：弹簧的种类很多，见表8-4，其中以圆柱形螺旋弹簧应用最广，作为本节主要介绍内容。

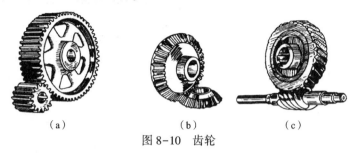

（a）　　　　　　（b）　　　　　　（c）

图 8-10　齿轮

表 8-4　弹簧的类型及特点

按形状分	按载荷分				
	拉　伸	压　　缩		扭　转	弯　曲
螺旋形	圆柱形螺旋拉伸弹簧	圆柱形螺旋压缩弹簧	圆锥形螺旋压缩弹簧	圆柱形螺旋扭转弹簧	
其他		环形弹簧	碟形弹簧	盘　簧	板弹簧

（3）滚动轴承：滚动轴承的种类见表 8-5。

表 8-5　滚动轴承种类

序号	轴承名称	图示例
1	向心螺旋滚子轴承	
2	单列向心推力球轴承	

续表

序号	轴承名称	图示例
3	单列圆锥滚子轴承	
4	单向推力球轴承	
5	单向推力滚子轴承	

二、二维图绘制软件 CAD 的知识讲解

(一) CAD 基本功能简介

(1) 平面绘图：能以多种方式创建直线、圆、椭圆、多边形、样条曲线等基本图形对象。

(2) 绘图工具：正交、对象捕捉、极轴追踪、捕捉追踪等绘图辅助工具。正交功能使用户可以很方便地绘制水平、竖直直线，对象捕捉可帮助拾取几何对象上的特殊点，而追踪功能使画斜线及沿不同方向定位点变得更加容易。

(3) 编辑图形：可以移动、复制、旋转、阵列、拉伸、延长、修剪、缩放对象等。

(4) 标注尺寸：可以创建多种类型尺寸，标注外观可以自行设定。

(5) 书写文字：能轻易在图形的任何位置、沿任何方向书写文字，可设定文字字体、倾斜角度及宽度缩放比例等属性。

(6) 图层管理：图形对象都位于某一图层上，可设定图层颜色、线型、线宽等特性。

(7) 三维绘图：可创建 3D 实体及表面模型，能对实体本身进行编辑。

(二) CAD 的用户界面

(1) 标题栏：显示软件名称和当前的图形文件名，窗口进行最大化和最小化。

（2）菜单栏：包括 Auto CAD 中的所有命令。

（3）工具栏：各种命令用按钮表示，分为标准、图层、样式、对象、绘图和修改工具栏。

（4）绘图、编辑工具栏：可以完成图形对象的绘制和修改其属性。

（5）坐标系：用于指定图形方向。

（6）命令行：在此输命令进行修改。F2 可打开命令行中所有命令。

（7）状态栏：在命令行的下面，用于显示当前的工作状态，显示光标捕捉、栅格、正交、极轴等模式（图 8-11）。

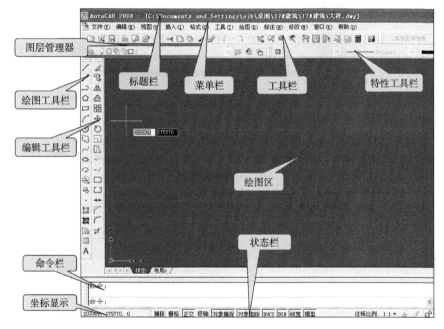

图 8-11　CAD 的用户界面

下面介绍 CAD 常用的菜单栏功能。

① CAD 菜单栏功能——文件打开（图 8-12、图 8-13）。

打开已有的文件有两种方法。

方法一：文件→打开。

方法二：快捷键 Ctrl+O。

注：为了快速有效找到有关的 CAD 文件，文件类型应选 dwg 格式。

在打开 CAD 图形时，会出现如图 8-13 所示的提示字体样式选择：为避免出现文字乱码，显示正常的字体样式，一般选择的字体是 gbchig. shx。

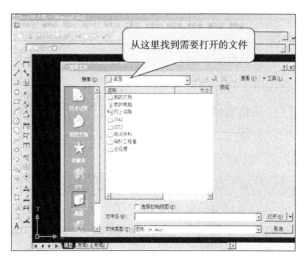

图 8-12 文件打开窗口

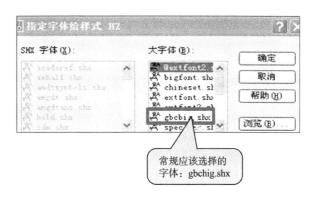

图 8-13 字体样式选择

② CAD 菜单栏功能——保存（图 8-14）。

保存文件方法有二。

方法一：文件→保存图。

方法二：快捷键 Ctrl+S。

注：为了避免在复制文件过程中，另一台电脑格式不支持这种现象发生，在"保存"选项卡中将"另存为"设置成一个低版本（如 2004）。

图 8-14　保存窗口

③ CAD 菜单栏功能——打印（图 8-15）。

CAD 图纸的打印步骤如下：

① Ctrl+P 或文件→打印（图 8-15）

② 打印机：选择型号。

③ 图纸尺寸：A1，A2，A3，A4。

④ 打印范围（窗口打印）：

鼠标拖动方式确定打印区域。

⑤ 打印比例：布满图纸。

注：如果要打印多张图纸，尺寸类型大小相同。可以直接按 Ctrl+P 在打印的对话框"名称"中选择：上一次输入，就可以完成打印。

④ CAD 菜单栏功能——右键的功能（图 8-16）。

在工具栏的空白处点击鼠标右键，调用常用工具条：标注、标准、绘图、特性、图层、修改、样式等。

⑤ CAD 菜单栏功能——绘图环境设置（图 8-17）。

⑥ CAD 菜单栏功能——绘图前的 OP 设置（图 8-18）。

命令：OP+空格键。

a. 显示：

十字光标的大小：CAD 中默认的"十"字光标大小为 5。可以改为 100，方便操作。

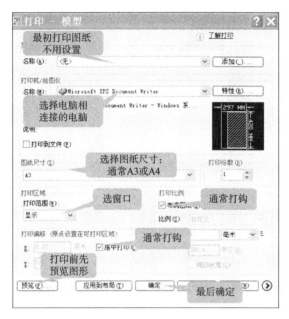

图 8-15　打印窗口

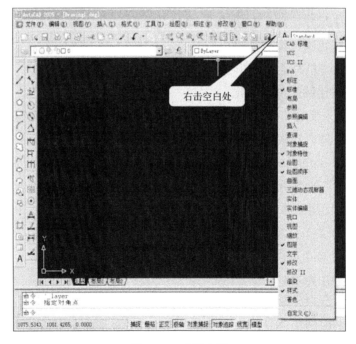

图 8-16　功能右键

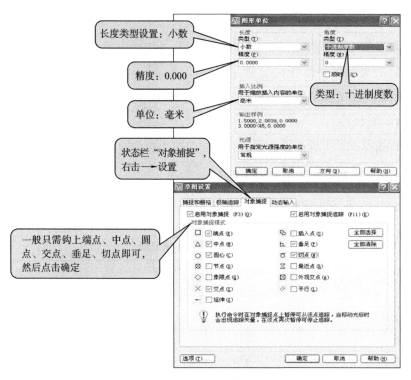

图 8-17　绘图环境设置

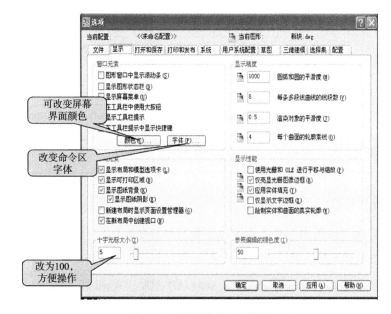

图 8-18　绘图前的 OP 设置

颜色：可以设置自己喜欢的颜色，主要用于 CAD 导入 Word 时需改背景颜色为白色。

b. 打开和保存选项卡：

另存为：为保证在其他电脑低版本的 CAD 中也可顺利打开，设置保存为 2004 版本。

自动保存：文件自动保存的时间间隔可以根据自己电脑设置。

（三）CAD 的常用快捷键

CAD 的常用快捷键见表 8-6。

表 8-6　CAD 常用快捷键

项目名称	快捷键	项目名称	快捷键	项目名称	快捷键
画图、编辑工具					
复制	C0	创建块	W	直线	L
矩形	REC	写块	B	镜像	MI
移动	M	文字	T	偏移	O
窗口缩放	Z	修剪	TR	圆	C
删除	E	比例	SC	面积	AA
测量工具					
线性标注	DLI	对齐标注	DAL	直径标注	DDI
连续标注	DCO	快速引线	LE		
辅助工具					
捕捉	F3	正交	F8	执行命令	空格键或回车键
退出命令	ESC	复制	Ctrl+C	剪切	Ctrl+X
删除	Delete	文本图框	F8		

（四）CAD 常用技巧

（1）应对旧图遇到异常错误而中断退出的办法。

可以新建图形文件，然后将旧图以图块形式插入到新图形文件中。

（2）怎样在 Word 文档中插入 AutoCAD 图形、Word 和 Excel？

可以先将 AutoCAD 图形、Word 的文字或者 Excel 复制到剪贴板，再在

Word 文档中粘贴。

（3）技巧识图（表 8-7）。

表 8-7　识图常用符号及说明

名称	符号	说明
详图的索引标志	（5／—）详图的编号／详图在本张图纸上　（5／—）局部剖面详图的编号／剖面详图在本张图纸上	细实线单圆直径应为 10mm　详图在本张图纸上
详图的索引标志	（5／4）详图的编号／详图所在的图纸编号　（5／4）局部剖面详图的编号／剖面详图所在的图纸编号	详图不在本张图纸上
	J103（5／4）标准图册编号／详图的编号／详图所在的图纸编号	标准详图
详图的标志	（5）详图的编号	粗实线单圆直径应为 14mm　被索引的在本张图纸上
	（5／2）详图的编号／被索引的图纸编号	被索引的不在本张图纸上
对称符号	‖——·——·——·——‖	对称符号应用细实线绘制，平行线长度应为 6~10mm 平行线间距宜为 2~3mm，平行线在对称线的两侧应相等

第二节　三维图绘制

现有工业设计中常用的三维设计软件主要包括达索公司的 Solidworks，Autodesk 公司的 AutoCAD 及 PTC 公司的 Pro/e 等。下面以 Solidworks 为例作相关知识的介绍。

一、基础知识介绍

（一）定义

Solidworks 是一款使用 Windows 图形用户界面的机械设计自动化软件。机械设计工程师能快速地按照其设计思想设计出产品的理论模型。

（二）特点

（1）参数化尺寸驱动：Solidworks 使用参数化尺寸驱动建模技术，即尺寸控制图形。随着尺寸的改变，模型、装配体、工程图的形状和尺寸也会发生相应的变化，这对新产品的设计阶段的不断修正是十分有益的。

（2）三个基本模块联动：Solidworks 拥有三个功能强大的基础模块，即零件模块、装配体模块和工程图模块三种模型在不同的工作环境下，仍然能保证二维与三维几何数据的全相关性。

（3）基于特征的建模方法：Solidworks 中的零件模型是由许多单独的元素组成的，这些元素被称为特征。同时 Solidworks 采用了特征管理器，能够将零件、装配体的每个操作步骤都记录下来，便于设计者在设计时进行修改、编辑。

（三）Solidworks 软件发展历程

Solidworks 软件发展历程如图 8-19 所示。

二、Solidworks2010 软件介绍

（一）用户界面

用户界面如图 8-20 所示。

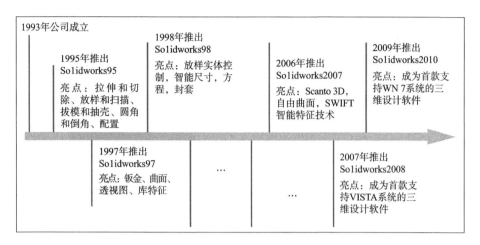

图 8-19　软件发展历程

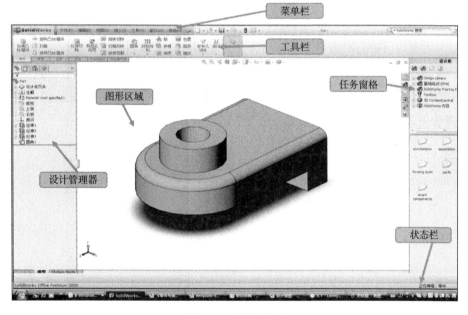

图 8-20　用户界面

（二）菜单栏

一共有 7 个子菜单，即文件（F）、编辑（E）、视图（V）、插入（I）、工具（T）、窗口（W）和帮助（H）（图 8-21）。

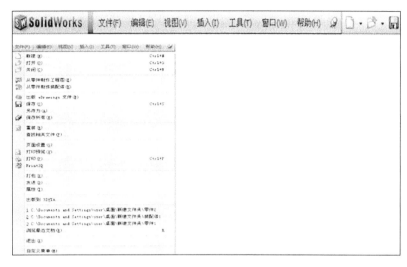

图 8-21　菜单栏

（三）设计管理器

Solidworks 界面左侧显示的是设计管理器（图 8-22），包括四部分，分别是：特征管理器（FeatureManager）、属性管理器（PropertyManager）、配置管理器（ConfigurationManager）、尺寸管理器（DimXpertManager）。

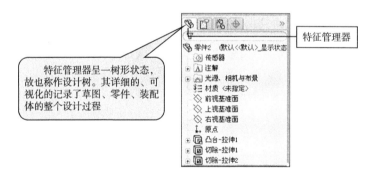

图 8-22　设计管理器

（四）图形区域

Solidworks 界面中间部分即图形区域（图 8-23）。图形区域内可以完成零件、装配的设计和命令、特征的实现。

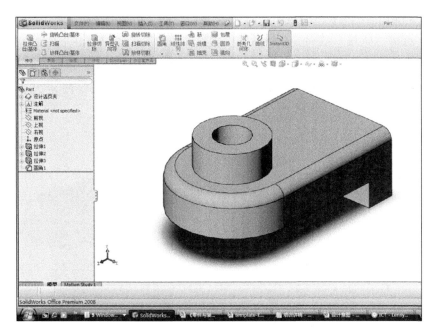

图 8-23　图形区域

（五）草图绘制基础

1. 概述

在机械设计过程中，草图是构建模型的基础。草图是由直线、圆弧等基本几何元素构成的几何实体，它构成了特征的截面轮廓或路径，并由此形成了各种类型的特征（图 8-24）。

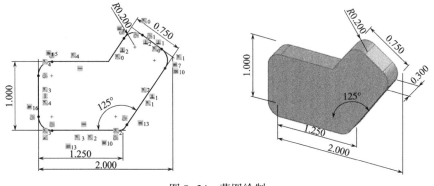

图 8-24　草图绘制

2. 进入草图绘制界面

点击"新建"选项，选择新建一个零件文件。

任何零件的设计都是从草图开始的，在进入草图模式绘制前，必须为草图选择一个平面，可以是基准面，也可以是实体上面的面（图 8-25）。

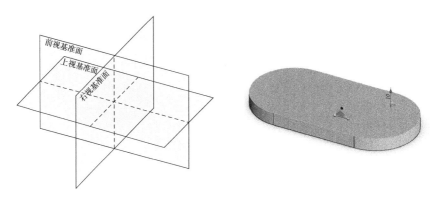

图 8-25　草图绘制界面

3. 草图的组成部分（三要素）

一个完整的草图应包括以下三部分内容（图 8-26）。

（1）线段：基本的草绘命令，包括直线、圆、圆弧等。

（2）关系：线段的位置关系，包括水平、平行、垂直等。

（3）尺寸：线段的尺寸大小，包括长度、直径、半径等。

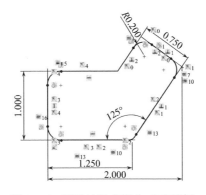

图 8-26　草图的组成部分（三要素）

（六）特征建模技术

1. 特征建模原理

特征建模的原理就是将这些单独的特征通过一定的几何方式，如叠加、切割、混合等，组装在一起后就形成了一个完整的零件模型（图8-27）。

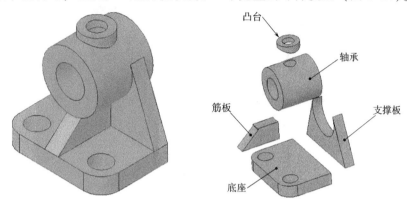

图 8-27　特征叠加图例

2. 特征的分类

特征的分类方法很多，这里只介绍以下两种。

（1）按照材料的增加或减少，可分为加材料特征和减材料特征。

（2）按照是否需要先绘制草图，可分为草图特征和应用特征。

3. 特征的构建

前面讲过，草图是设计零件的基础，第一个特征的构建需从一个完整的草图开始。

在零件中生成的第一个是生成其他特征的基础，即基体。

特征的生成是通过特征工具栏的各种特征命令来实现的（图8-28）。

图 8-28　特征的构建

（七）装配体设计

1. 概述

装配是根据技术要求，将若干个零件结合成部件，或将若干个零件和部件结合成产品的过程（图 8-29）。

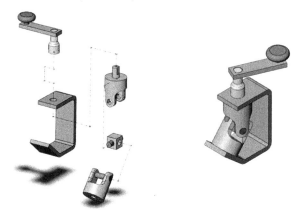

图 8-29　装配体设计

2. 基本概念

零部件：零部件是装配体中的一个组件（组成部件），其是单个零件或一个子装配。

子装配体：组成装配体的这些零件称为子装配体。当一个装配体成为另一个装配体的零部件时，这个装配体也可称为子装配体。

3. 进入装配界面

点击软件的"新建"按钮，在弹出的选项中选择"装配体"选项（图 8-30）。

图 8-30　新建装配体

4. 装配过程——插入零部件

在装配体界面中，点击"插入→零部件"，会弹出四个插入类型（图 8-31）。

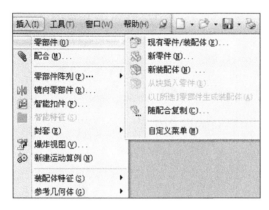

图 8-31　装配过程——插入零部件

插入"现有零件/装配体"：指将已经设计好的零件或装配体调入。

插入"新零件"：指在当前的装配环境中，设计新的零件调入。

插入"新装配体"：指在当前的装配环境中，设计新的装配体调入。

"随配合复制"：复制零部件或子装配体时，可同时复制其关系的配合关系。

5. 装配过程——添加配合关系

为了限制固定零部件，可在添加的各个零件之间添加配合关系（图 8-32）。

(八) 工程图输出

1. 概述

在工程技术中，按一定的投影方法和有关标准规定，把物体的形状用图形画在图纸上，并用数字、文字、相应符号标注出物体的大小、材料和有关制造的技术要求、技术说明等，该图样称为工程图。

2. 建立工程图

点击"新建"按钮，在弹出的菜单中选择工程图图标。

图 8-33 为工程图设计界面 Solidworks 自带有几种工程图模板。设计者

也可以按照自己的需求自行设计模板。设计的模板可以保存，以后使用可以直接调用。

图 8-32　装配过程——添加配合关系

图 8-33　建立工程图

3. 添加视图

选择"插入→工程图视图",插入零件或装配的相关视图（图 8-34）。

视图类型有投影视图、辅助视图、剖面视图、旋转剖视图、局部视图、标准三视图等。设计者可以根据需求插入对应的视图。

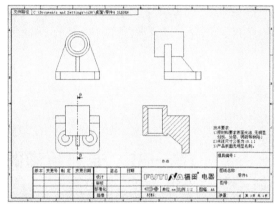

图 8-34　添加视图

4. 添加尺寸及注解

通过尺寸工具栏和注解工具栏上的工具，可以为创建的视图添加尺寸和注解（图 8-35）。

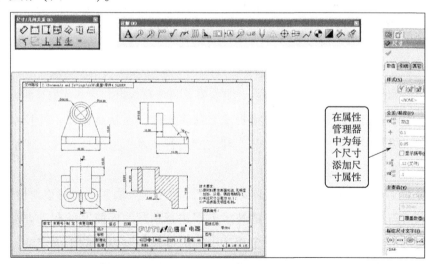

图 8-35　添加尺寸及注解

第九章　实务操作技术

第一节　专利检索的基本知识

检索是从纷繁的信息中查找自己需要的信息或者资料的过程。专利检索则主要是针对专利信息进行检索。

一、专利检索的主要类型

因为不同类型的专利检索在检索目的和检索策略存在显著区别，我们要在制定并实施专利检索策略之前了解专利检索的主要类型。

（一）专利性检索

专利性（Patentability）检索一般分为专利查新检索和专利无效检索。

专利查新检索是在专利申请提交之前实施的，通常是指将一件技术方案与世界范围内公开的专利和非专利文献进行技术信息的比对，以评估该技术方案是否可以获得专利权。

对于专利申请人而言，有必要在提交专利申请之前实施专利查新检索。专利查新检索有助于对拟保护的技术方案进行预判，提前发现在审查过程中可能出现的问题，从而在一定程度上提前排除专利授权的不确定性，降低专利申请的成本。专利查新检索还可以帮助申请人构建权利要求书，使其专利尽可能地获得较大范围的保护。

专利无效检索是在专利申请公开或者专利授权之后实施的，通常是针对一件专利的权利要求书是否具备新颖性和创造性进行的检索。一般在被控侵权方寻找不侵权证据或者被许可方为确保许可费的合理性时，会实施专利无效检索。

此外，任何人都可以在发明专利申请公布之日至公告授予专利权之日期间对不符合专利法规定的专利申请向国务院专利行政部门提出异议，并说明其原因。因此，对于已经公开尚未授权的专利申请进行检索，可以通过向专利审查机构提出公众意见等方式，阻止专利授权，由此减少后续程序中侵权的风险，并避免授权后对该专利再提无效宣告请求的烦琐，节约时间和经济成本。

（二）专利信息检索

基于专利信息利用的目的不同，专利信息检索主要分为专利情报分析、专利导航、专利挖掘和专利布局。

专利情报分析是指针对不同主体的需求处理和组合专利文献信息，并利用信息处理手段，获取专利信息中有价值的情报。专利情报分析对企业、产业、政府等不同主体有不同的作用。

专利导航是指在宏观决策、产业规划、企业经营活动中，以专利数据为核心，融合各类数据资源，分析地区发展方向、产业竞争格局、企业经营决策，提高精准性和科学性的专利应用模式。

专利挖掘是指在技术研发或产品开发活动中，从技术和法律等角度对创新成果进行拆分和选择来确定技术创新点和技术方案。在一般情况下，专利挖掘为专利布局提供支撑。

专利布局是指企业以经营理念、战略定位和创新体系为基础，从产业、经营、技术、市场、法律等角度，通过专利组合的方式提高市场竞争能力。

专利布局对于企业战略布局至关重要。通过专利布局，明确本行业中技术热点、技术空白点等专利信息，了解竞争对手的产业布局、核心技术及重要人才。

二、专利检索的主要途径

全面认识常用数据库的检索途径对于正确实施检索具有重要意义。检索入口越多，所能构建的检索策略越多。基于专利检索展开的角度不同，专利检索的途径分为技术途径入口和非技术途径。

（一）从技术途径出发的专利检索

专利检索的目的是在了解现有技术状态的基础上，找出与检索对象的主题相关的文献。从技术途径出发，就是在检索时重点关注检索对象的发明构思。其中，技术问题是基础，是发明创造的动力；技术手段是解决该技术问题的具体手段，一般包括关键技术手段和其他技术手段；技术效果所反映的是发明人采取技术手段所能解决技术缺陷的程度及体现的优势。

（二）从非技术途径出发的专利检索

以非技术途径为入口实施检索，申请人和发明人检索具有重要地位。对于规模较大的公司来说，通常会围绕某一主题申请若干项存在关联的专利，通过申请人或者发明人入口，往往很容易找到申请人所基于的最接近的现有技术，有利于提高检索效率。利用发明人入口，也可以检索发明人发表的非专利文献。

引用文献是指引用其他专利的文献，被引用文献是指被其他专利所引用的文献。以引用文献/被引用文献作为检索入口的优点是检索简便快捷。

同族专利是指享有一项或者多项相同优先权的一组专利，它们互为同族专利。根据共有的优先权数量，同族专利又分为简单同族专利、复杂同族专利、扩展同族专利。一般地，简单同族专利的查准率高，得到的检索结果相关度较高。

三、专利检索资源

检索资源是指实施专利检索时使用的信息库，按照性质分为专利文献和非专利文献。针对不同的文献，可以使用不同的工具。

（一）专利文献

专利文献指的是专利申请和审批过程中产生的专用文本，是一种标准化了的科技信息资源。具体地，发明专利和实用新型专利主要包括权利要求书、说明书、摘要、检索报告等，以及在此基础上进一步加工、编辑和整理产生的各种文档。

权利要求书具有双重属性，在法律层面是用于确定专利权保护范围，在技术层面是概述技术方案实质内容。说明书用以解释权利要求，并且应当对要求保护的技术方案作出清楚、完整的说明。说明书一般包括技术领域、背景技术、发明内容、附图说明和具体实施方式。

摘要也是专利文件必不可少的一部分，有助于公众快速浏览，但其不具有法律效力。

（二）非专利文献

非专利文献是指除专利文献外所有公开或内部发行的学术资源与信息载体，其范畴远超传统认知中的数据库条目。从内容形态来看，非专利文献不仅包含期刊论文、会议报告、学位论文等结构化研究成果，还涵盖技术标准、行业白皮书、政府工作报告、企业技术手册、市场调研数据等多元信息类型。这些文献广泛分布于学术机构知识库、行业协会资料库、国际组织数据库及开放获取平台。随着大数据技术的普及，非结构化文献如科研视频数据集、工程现场影像资料、学术社交媒体互动记录等新型知识载体，正在成为非专利文献体系的重要组成部分。

四、专利检索的一般步骤

一般意义上，专利检索的步骤包括理解技术方案、确定检索要素、选定检索资源和工具、制定并动态调整检索策略、筛选并评估检索结果。随着检索需求的不同，在具体实施检索时检索的步骤可以进行调整。

（一）理解技术方案

首先，无论针对哪种类型的专利检索，都需要首先从理解被检索的技术方案入手，可以是某一个技术方案或者是一个大的技术主题。正确解读技术方案，快速归纳出待检所索技术方案的发明构思，然后了解发明人提供的背景技术以及基于该背景技术所要解决的技术问题。其次，对于所采用的技术手段及能够达到的技术效果进行理解，以此为检索前的理解工作。最后，在解读技术问题和技术效果时足够准确，就有助于发现现有技术中解决相同或类似技术问题的技术方案，并且能够获得等效的技术效果。

（二）确定检索要素

专利检索的基础是确定检索要素，对检索对象进行深入分析，找寻内在的联系。确定检索要素是实施各类检索策略的基础。经过对技术方案的解析，获知其基本构思，提炼可检索要素，利用各个检索要素进行检索。

具体地，针对一件技术方案来说，可以通过阅读记载的技术领域以及技术背景，提炼出其应用领域及应用环境相关的检索要素。通过表征技术方案的技术手段，归纳出与技术手段相关的检索要素。通过所能达到的技术效果，提炼与技术效果相关的检索要素。

（三）选定检索资源和工具

根据专利检索的类型来选择合适的检索资源和工具。对于专利性检索，优先考虑文献全面、更新及时的专利信息平台，如各国专利机构官方网站提供的专利检索路径。对于专利信息检索，优先选取提供强大的专利情报分析功能的专利信息平台，例如各商业性专利服务平台。

（四）制定并动态调整检索策略

通过解读技术方案，分析各检索要素的特点，选择适合的检索方式实施检索。在检索过程中，可以根据检索结果动态调整检索策略。

在检索初期可能无法实现快速准确地查找到所需文献，因此，通常先进行试探性检索，从检索结果中不断加深对技术方案或主题的理解，进一步完善检索要素的表达及检索策略。从效率的角度而言，首先应尽可能使用全面概括发明构思的语言进行检索。在获得全要素检索结果之后，如果检索结果过于庞大，可以引入非基本检索要素来缩小检索结果的范围；如果检索不到所需文献，再次分析提炼出的基本检索要素，修正检索要素或添加新的检索要素，逐渐调整检索方向，以命中相关文献。

（五）筛选并评估检索结果

在进行检索时，对检索结果进行阅览，并从中选出所需要的文献。对于不同类型的专利检索，其筛选结果也是不同的。对于专利性检索，其目标是发现损害其新颖性或者创造性的文献，因此其更加关注准确性。而对于专利信息检索，其检索目的在于尽可能找出所有相关的专利文献，因此其更加注重检索的全面性。

第二节 专利检索策略与示例

一、专利检索策略

一般地，根据检索目的和对象确定检索方法，可能需要组合使用几种检索方式和手段。以下内容主要基于专利性检索来介绍专利检索技巧。

（一）检索要素的确定策略

确定检索要素是实施专利检索的第一个重要环节，检索要素的质量直接决定检索结果的质量。从技术领域、技术问题、主要技术手段及技术效果角度准确表达发明构思是确定检索要素的重中之重。

通常从两个方面确定基本检索要素：①明确所属技术领域，表达该方案所属技术领域，通常优先使用分类号表达技术领域；②确定最能够体现最基本发明构思的一个或者多个技术特征，表达这一区别特征，通常优先使用关键词表达技术领域。

（二）分类号的获取策略

分类是对文献的进一步加工，用统一的代码形式反映文献公开的信息内容，具有一致性和规律性。专利分类号是由专业人员针对文献的内容，按照特定的分类表和分类规则划分的。利用分类号检索的特点是准确、高效。

目前国际上通用的专利文献分类规则是根据《国际专利分类的斯特拉斯堡协定》编制的《国际专利分类表》（IPC），其分类原则如下：①相同的技术主题分到相同的分类位置；②在同一分类位置可以找到所有相同的技术主题。另外，欧洲专利局、美国专利局及日本特许厅根据自己的需要，制定了 ECLA/ICO、UCLA、FI/F-term 等分类系统，针对其公布的专利文献、部分外国专利文献和一些非专利文献进行分类。

本书以国际通用的 IPC 分类为例介绍分类号的获取。获取分类号最常用的方法是在 IPC 分类表中进行查找，一般从部开始，直至确定小类、大组、小组等。具体地，根据可利用的资源不同，获取分类号一般采用两种方法：①通过关键词检索，然后针对检索结果统计 IPC，从而确定被检索对象所属的 IPC；②分析被检索对象的技术主题，直接查阅相关分类表。

（三）关键词的表达策略

当没有准确分类号时，往往需要使用关键词进行检索。另外，即使获取到较为准确的分类号，但由于分类号下面有大量文献，不能全部阅读，则还可以使用关键词加以限制，以缩小文献数量。

准确、全面地表达关键词，通常从关键词的形式、意义和角度三个方面进行：①从角度上分析被检索对象的效果、性质、用途、作用、功能、原理、解决的技术问题等都可以作为关键词。②从意义上进行关键词的横向和纵向扩展。横向扩展主要表现在词义上，考虑别称、俗称、缩略语、同义词、近义词；纵向扩展主要考虑下位概念、上位概念。③在形式上使用截词符扩充关键词，使用运算符实现精确限定。

（四）检索式的构建策略

1. 简单检索

简单检索的目的是初步了解检索主题。简单检索就是利用较为准确的关键词和/或分类号。在实施简单检索时，无须考虑同义词和扩展检索领域。一般地，将各分类号和关键词之间进行"与"运算，表达为〈分类号 AND 关键词〉。

2. 块检索

块检索就是针对每一个基本检索要素创建一个独立的块，然后通过对块及其组合进行的检索，包括构建块和组合块两个过程。

一般地，构造一个完整的块是分别将一个基本检索要素的不同表达方式进行"或"运算，表达为〈关键词 OR 分类号 OR 其他表达方式〉。

依据不同组合方式，块组合分为并列式块和渐进式块。

并列式块是分别构造不同的块之后，再根据需要组合不同的块。根据组合块数量的多少，分为全要素组合、部分要素组合和单要素。

检索式：

全要素组合表达为〈块 1 AND 块 2 AND 块 3〉；

部分要素组合表达为〈块 1 AND 块 2〉、〈块 1 AND 块 3〉、〈块 2 AND 块 3〉；

单要素表达为〈块 1〉、〈块 2〉、〈块 3〉。

渐进式块是通过嵌套实现块之间的组合，在逐渐增加块的基础上，根据需求逐渐缩小检索范围，最终获得检索结果。

检索式：

S1　〈块 1 AND 块 2〉；

S2　〈S1 AND 块 3〉；

S3　〈S2 AND 块 4〉。

3. 追踪检索

追踪检索是指从一个比较相关的专利文献出发，利用专利文献之间的某些线索，检索其他相关专利文献。追踪检索的入口主要包括发明人入口、申请人入口和引用文献/非引用文献入口。

在试探性检索时，既可以首先对被检索的发明人、申请人和提供的参考资料进行追踪检索，也可以在检索过程中对检索到的重要文献进行追踪检索。

总之，在实际检索中，根据具体检索需求，可以灵活运用上述 3 种检索策略或者结合使用，以期达到事半功倍的效果。

二、专利检索的示例

（一）构建检索要素表示例

1. 盒式磁带

一种盒式磁带，具有：带记录介质的磁带盒（2），和位于所示磁带盒外表面、用于向用户指示信息的部件（3）；所述部件（3）由可将吸收的能量以光的形式发射出来的材料制成。

根据前述方法确定上述技术方案的 3 个基本要素分别为盒式磁带、指示、发光，并由此组成对应的 3 个检索块，检索要素见表 9-1，对 3 个检索块进行"与"运算，并在命中的文献中进一步筛选。

表 9-1 盒式磁带检索要素

技术领域	发明点 1	发明点 2
关键词	盒式磁带	指示 发光
关键词扩展	磁带，磁带盒，cassette，tape，box，package，cartridge，tray	提示，标记，indicate，display，signal，view，check，emit，light，transmit，send
IPC	G11B23/00（并非专指记录或重现方法的记录载体；专用于和记录或重现设备协同作业的诸如容器之类的附件）	G11B27/00（编辑；索引；寻址；定时或同步；监控；磁带行程的测量）

2. 冷冻面团

一种制备冷冻面团的方法，所述方法包括以下步骤：S1 将面粉、水、酵母和任选的其他食品添加剂混合成面团；S2 将面团分切、制作成产品所需的大小、形状和设计样式；S3 冷冻面团；S4 使冷冻面团经受至少一次冻融循环过程；S5 重新冷冻面团。

该方法主要解决如何制作出可即时烹饪的冷冻生面团产品的技术问题。依据所解决的问题及本案作出的贡献，确定本方案的 2 个基本检索要素为冷冻面团、冻融循环，并由此组成对应的 2 个检索块，检索要素见表 9-2。

表 9-2 冷冻面团检索要素

技术领域	发明点 1	发明点 2
关键词	冷冻面团	冻融循环
关键词扩展	面粉	冷冻、解冻即时烹饪、直接烘焙、无需解冻
IPC	A21D6/00（在焙烤前面粉或面团的其他处理方法，例如冷却、辐射、加热	

（二）查新检索示例

1. 案例 9-1：一种能够播放音乐的棒棒糖

如图 9-1 所示，一种能够播放音乐的棒棒糖结构，包括可食用的糖体和插设于所述糖体上的握柄，还包括包覆设置于所述糖体内部的骨导震动喇叭，以及设置于所述握柄尾端的发声控制模块；所述发声控制模块与所述骨导震动喇叭电性连接，并控制所述骨导震动喇叭震动发声。

图 9-1

按照上文介绍的专利检索的一般步骤和检索策略进行查新检索，检索相关专利（CN212660995U）。

2. 案例 9-2：一种杯子

如图 9-2 所示，一种杯子，包括杯身、杯盖和吸管，吸管顶端为吸水口，吸管最下端为进水口，其特征在于，吸管为螺旋式，缠绕杯子外壁设置。

图 9-2

按照上文介绍的专利检索的一般步骤和检索策略进行查新检索，筛选对比文件（CN201452595U）。

第三节　专利挖掘

专利挖掘对企业实施专利战略有重大意义，是企业构建专利资产的主要手段，为专利布局提供信息支撑，是企业知识产权管理的重要组成部分。

一、专利挖掘的作用

（一）专利挖掘的定义

专利挖掘是一项具有创造性的活动，以创新的观点审视研发过程中的疑难问题。专利挖掘是指有目的地对技术创新成果进行解析和选择，进而寻求最合理的权利保护范围确定技术创新点和技术方案。技术挖掘和权利挖掘是专利挖掘的基础。技术挖掘是指发掘技术创新点并梳理得到技术方案；权利挖掘是指对创新成果进行权利要求的最大化保护。

（二）专利挖掘的原则

专利挖掘是一项具有创造性的活动，以创新的观点审视研发过程中的疑难问题。在实施专利挖掘时，应聚焦现有技术的差异点，保持专利挖掘与项目研发的进度同步，追求科研成果的价值最大化。

（三）专利挖掘的作用

专利挖掘对技术创新具有十分重要的意义。

（1）通过专利发掘，对技术创新成果的主要发明点进行准确的捕捉，合理设计专利申请中的各项权利要求，既能最大限度地保障其专利权利要求的法律稳定性，又能提高专利申请的整体质量。

（2）通过专利挖掘，全面、充分、有效地保护技术创新成果，对可能具有专利申请价值的各主要技术点及其外围的关键技术进行全面梳理并掌握，并通过将核心专利与外围专利有机地结合在一起，形成一张严密的专利网络，在严防专利保护中的漏洞的同时，也能培养和提升公司的核心能力。

（3）利用专利挖掘以便在较短的时间内发现竞争对手造成威胁的重要专利，从而通过规避设计来规避专利风险。

二、专利挖掘常见类型

针对不同的应用场景，专利挖掘实施方法有所不同。根据专利挖掘开展的角度不同，专利挖掘分为基于技术研发的专利挖掘和基于现有技术的专利挖掘。

（一）以技术研发为基础的专利挖掘

对于创新性企业，技术研发是企业的重要工作之一。基于技术研发的专利挖掘主要针对研发项目、创新点、技术标准构建、技术改进实施专利挖掘。

具体而言，围绕研发项目实施专利挖掘的做法是，将专利挖掘的节点与研发项目的节点结合起来，安排专利工作人员深入研发项目中，随着研发进程同步完成专利挖掘工作，围绕研发项目，自然而然形成了基于该项目或者产品的完整的专利组合，其保护强度往往较大。

基于创新点的专利挖掘则是根据某个创新点开拓更多的创新点的过程。基于技术标准的专利挖掘则是指将技术标准转化为专利，用专利包围标准。基于技术改进的专利挖掘主要关注已有方案存在的技术问题，以技术问题为主导实现创新。

（二）以现有技术为基础的专利挖掘

专利文献中包含大量的技术信息，这些技术信息对企业技术研发具有重要参考。根据挖掘目的不同，将常用的以现有技术为基础的专利挖掘分为针对专利组合的专利挖掘和针对规避设计的专利挖掘。

针对专利组合的专利挖掘主要是识别专利，即识别自有和竞争对手专利的核心专利和外围专利。从内部来看，其主要是围绕核心专利梳理保护点，针对外围专利寻求改进和替代方案，以实现全方位的保护。

为了避免专利侵权，可以通过在已有专利权的范围以外进行技术创新来设计专利挖掘。通过对专利的检索，可以进行技术对比，了解现有专利的保护范围，防止其进入现有专利的保护范围内。

三、企业专利挖掘的一般步骤

在一般意义上，专利挖掘的步骤包括形成发明构思、挖掘创新点、形成专利申请。

（一）形成发明构思

专利挖掘的第一步就是找到问题所在并提出解决问题的方案，这也是至关重要的步骤。专利挖掘的基础是发明构思。发现问题是形成发明构思的前提，发现问题并依据重要程度进行分级是形成发明构思的重要一步。常用的发现问题的方法包括问题树法、鱼骨图法等。对于解决问题的方法，各企业也有差异，常用的有 TRIZ 理论、头脑风暴法等。

（二）挖掘创新点

在形成发明构思之后，需要确定发明构思的核心部分，即对解决问题起到实质性作用的关键点，也就是创新点。在实际工作中，通过技术分析、对比现有技术的方法，尽可能多地从发明构思中挖掘出创新点。

（三）形成专利申请

提炼出创新点之后，根据创新点形成专利申请。技术交底书是形成专利文本的基础材料，也是研发人员和专利工作人员沟通的桥梁。研发人员应当清楚、完整地记录发明创造的内容，必要时结合附图详细描述具体实现方式。

四、常用的专利挖掘策略

（一）基于创新工具的专利挖掘策略

应用于专利挖掘的创新方法有许多，常用的是头脑风暴法和 TRIZ 理论。

头脑风暴法主要由研发人员以会议形式进行讨论，思维碰撞，畅所欲言，充分发表看法。其讨论规则没有拘束，所以小组成员可以更加自由地进行思维的发散，并在新的思维领域中创造出更多的新想法和问题解决方法，讨论氛围融洽，不受限制，研发人员专注思考，从而产生很多的观点。所有的观点被记录但不被评价。只有头脑风暴会议结束的时候，才对这些观点和想法进行评估。该方法主要依赖研发人员自身的知识储备和能力。

TRIZ 理论利用从专利数据库中整理出来的关于解决问题的知识，激发研发人员解决问题的思路，体现了其客观规律。其内容主要包括技术系统进化法则、技术矛盾解决原理、发明问题解决算法（Algorithm for Inventive Problem Solving，ARIZ）等。

（二）基于项目研发和创新点的专利挖掘策略

对于企业而言，开展研发项目时较为容易产生更多的创新点。基于项目的专利挖掘应重点围绕技术分析的思路和方法进行，并根据研发项目的流程，在产品结构、产品功能、产品应用、产品测试和产品生产过程中实施。

围绕创新点的专利挖掘也是围绕技术分析的思路进行的，可以根据不同产业的特点，沿技术链进行全面深入的延伸，为专利挖掘打下基础。根据扩展思路的不同，基于创新点的专利挖掘可以从新结构、新方法和新物质角度出发。

（三）基于包绕式的专利挖掘策略

拥有丰富的专利挖掘策略的公司通常能够以最低的成本来解决竞争对手的核心专利阻碍问题，而最主要的方法就是针对竞争对手相关专利进行包绕式或者规避式挖掘。实施包绕式专利挖掘，首先定位核心专利，从产品角度、技术角度、法律角度、经济角度进行识别；其次选择围绕方向，从上游方向、下游方向、工程实现方向、零部件方向、性能优化方向进行扩展；最后提炼出创新点，形成专利或其组合。

（四）基于规避设计的专利挖掘

规避设计以专利侵权的判定原则为依据，确定规避主题，进行专利检索和技术分析。通过对涉及风险专利的产品或者某些特征重新进行研发、设计，打造产品的差异化，使其能够区别于现有专利，避免潜在的法律风险。实施规避设计的专利挖掘，首先明确规避目的、确定规避主题，其次进行有针对性的专利检索和技术分析，提出不同的设计方案，在评估其设计方案后，最终获得规避设计方案及相应的专利。具体操作时，可以通过要素减少、要素替代、彻底改型三方面实现规避。

第四节 专利挖掘的典型案例分析
与实务操作示例

一、专利挖掘的典型案例分析

（一）围绕奥美拉唑技术改进的专利挖掘

阿斯利康公司发现了一种能够抑制胃酸分泌的化合物奥美拉唑，该物质可以有效地治疗活动性胃炎、消化性胃溃疡、胃食管反流病等疾病，并于 1979 年 4 月提交了专利申请，申请编号 EP0005129A1。

第一步：形成发明构思。

S1 发现现有技术中存在的问题。

奥美拉唑投放进入市场后，在取得一定成功的同时其问题也渐渐浮现，比如，奥美拉唑在药物的生产和使用中其储存稳定性不佳，容易产生化学反应，导致药物的使用期大大缩短。这个问题的发现要求提高相应的技术。

S2 分析解决问题的关键技术改进点。

针对以上发现的问题，技术人员研制出了稳定性更强的奥美拉唑的钠盐和镁盐，很好地解决了储存稳定性不佳的问题。其中，使用钠盐和镁盐代替原来的奥美拉唑是解决问题的关键技术改进点。

第二步：根据技术改进点提炼创新点。

在第一步得到的技术改进点有两个，分别是用钠盐和镁盐代替了奥美拉唑。在对创新点进行提炼时，应尽量总结出技术改善的要点，使之涵盖范围更大的情形。也就是说，可以将钠盐与镁盐的共同上位概念，作为该专利发掘的创新之处。

第三步：提炼包含创新点的技术方案，形成专利申请。

提炼归纳出一套完整的技术方案，可以基于第二步整理的创新点，再撰写技术交底书，最后形成专利申请。

（二）围绕完善燃气轮机叶片专利组合的挖掘

第一步：识别自有核心专利。

专利 US5660524A 作为通用公司的自有核心专利之一，对整个燃气轮机行业发展起到了巨大的作用，在通用公司后续大量的专利申请中也引用了该专利，而且同行业的竞争对手也经常引用此专利。

第二步：围绕核心专利寻找改进和替代方案。

通用公司正以此为核心，通过优化专利组合来寻求改进和替代方案。在改进方案中，通用公司在核心专利公开的单一叶片结构的基础上，从增加连接强度、隔肋结构设置、冷却回路设计等方面持续改进；在替代方案中，通用公司在单一叶片结构的基础上，用蜂窝结构和对称结构替代单一结构。

第三步：基于改进和替代方案提炼出创新点，并提出专利申请。

在制定了相应的改进和替代方案后，对每个方案进行了梳理，并从中提炼出创新点，基于创新点将其归纳为一套完整的技术方案，并提交专利申请。

二、专利挖掘的实务操作示例

以筷子为例，实施专利挖掘。参考以上对专利挖掘的介绍，按照专利挖掘的一般步骤挖掘创新点。

第一步：形成发明构思。

S1 发现现有技术中存在的问题。

针对市面上常见的筷子，分析其存在的问题，如：①对于易滑和圆形的物体不易夹起来；②容易滚动滑落；③不便于携带。

S2 分析解决问题的关键技术改进点。

根据不同角度可以得到不同方向的解决办法。如从功能角度分析，得出初步解决问题的设想：①得到增加筷尖防滑纹以降低夹起表面光滑或圆形的物体的难度；②上下部可拆卸以便于携带；③持筷部分用硅胶类材料包裹以防止筷子滑落到地上。

第二步：根据技术改进点提炼创新点。

通过大量检索，寻找是否有与第二步提炼出的创新点相关联的现有技术。如图所示的筷子，具有关联性的现有技术：CN205433160U。

通过对比之前提炼出的创新点和找寻到的现有技术的相似性，判断提炼的创新点是否有落入现有技术保护范围的风险，检索结果中可以明显地看到所提炼的创新点全部落入现有技术的保护范围。此时，可以通过规避设计继续挖掘专利。

考虑规避设计就是通过改变要素，即以不同的方式去解决相同的问题，例如设计筷尖扁平化，分布颗粒状凸起以增大摩擦；设计为可伸缩的形式以便于携带。

规避设计后再对新出的技术方案进行技术分析，并提炼出新的创新点。

第三步：提炼包含创新点的技术方案，形成专利申请。

对于提炼出的创新点再重新实施检索，进行对比分析，若是再无风险，则可以用以形成专利申请。

第十章　专利撰写方法与技巧

第一节　撰写发明或者实用新型权利要求书和说明书的准备工作

一、权利要求书概述

权利要求书是用以确定发明或实用新型专利权保护范围的法律文件。权利要求书是权利要求的载体，根据其撰写方式和保护范围，将权利要求分为两类：一类是独立权利要求，一类是从属权利要求。独立权利要求是指从整体上反映发明或实用新型的技术方案，记录了实施该发明所必需的技术特性的权利要求；从属权利要求是指引用独立权利要求或者别的权利要求，并且通过附加的技术特征对其进行进一步限定的权利要求。

二、撰写权利要求书前的准备工作

专利代理师在撰写专利申请文件之前应做好两方面准备：理解发明或实用新型的内容和对现有技术开展检索与调查。

（一）理解发明或实用新型的内容

专利代理师必须对发明或实用新型的具体内容充分地了解，找出解决本发明或实用新型技术问题的是哪些技术特征，从而编写出较高质量的权利要求书和说明书。

在了解发明或实用新型时，专利代理师应明确下列四个问题。

1. 判断是否属于能够授予专利权的主题

根据我国专利法的有关条款，发明是指对产品、方法或者其改进所提出的新的技术方案；实用新型是指对产品的形状、构造或者其结合所提出的适于实用的新的技术方案。申请的发明或实用新型专利的主题应满足上述规定。另外，在理解发明或实用新型时还应留意其是否为被专利法排除的主题。根据《专利法》第5条的规定，违反国家法律、社会公德或者妨害公共利益的发明创造，不授予专利权。《专利法》第25条规定，下列各项主题不授予专利权：①科学发现；②智力活动的规则和方法；③疾病的诊断和治疗方法；④动物和植物品种；⑤用原子核变换方法获得的物质；⑥对平面印刷品的图案、色彩或者二者的结合作出的主要起标识作用的设计。

2. 确定是产品发明还是方法发明

专利领域的发明分为产品发明和方法发明，其取得的专利也分别称为产品专利和方法专利。产品发明可以申请发明专利和实用新型专利，但是，方法发明仅能申请发明专利。产品专利和方法专利在保护的对象和权利要求书的撰写方式上存在很大的差异。所以专利代理师应协助申请人对其申请专利的发明创造究竟属于何种发明进行认真仔细的分析。有些发明既可以是产品发明也可以是方法发明。在此情况下，专利代理师应根据专利法的规定，针对不同发明的保护方法、申请人的商业目的、实施情况、证明他人侵权的困难程度等方面，协助申请人确定提出专利申请的类型。

3. 确认发明创造所要解决的技术问题及解决技术问题的必要技术特征

发明创造要解决的技术问题即发明的目的。解决技术问题的必要技术特征是为达到发明目的所必不可少的技术特征。若缺乏上述特征，则申请人所提的技术方案将不能得以执行。相反，在缺乏某种技术特征时，若技术方案可以实现，这些技术特征就不是必要的技术特征。专利权利要求书中应包含解决技术问题的全部必要技术特征。如果对必要的技术特征的判断有误，那么所写的专利申请文件则不能满足要求，所提交的专利申请也有可能不被授权；即便可以授权，其所授予的专利也有可能被宣告无效或其保护的范围被不必要地缩减。

4. 初步判断合案申请的多项发明创造是否属于一个总的发明构思

一些申请人想要合案申请多项发明专利或实用新型专利。在此情形下，专利代理师应当对其是否为一个总的发明构想进行分析。判断多项发明或实用新型是否为一个总的发明构想，其关键在于它们之间是否有技术上的联系，以及它们是否有相同或对应的特定技术特性。如果有相同或对应的特定技术特性，则可以提出合案申请；反之则不能。

（二）现有技术的检索与调查

专利代理师应协助申请人考虑以下三个问题。

（1）确定一个合适的保护范围。

（2）在已检索到的现有技术基础上，判断多项发明创造之间是否符合单一性的规定。

（3）初步判断是否可以将某些技术要点视为技术秘密并将其保留。

第二节　发明和实用新型专利申请权利要求书的撰写

一、权利要求撰写模式概述

（一）独立权利要求的撰写模式

《专利审查指南 2023》第二部分第二章第 3.3.1 节指出：

根据专利法实施细则第二十四条第一款的规定，发明或者实用新型的独立权利要求应当包括前序部分和特征部分，按照下列规定撰写：

（1）前序部分：写明要求保护的发明或者实用新型技术方案的主题名称和发明或者实用新型主题与最接近的现有技术共有的必要技术特征；

（2）特征部分：使用"其特征是……"或者类似的用语，写明发明或者实用新型区别于最接近的现有技术的技术特征，这些特征和前序部分写明的特征合在一起，限定发明或者实用新型要求保护的范围。

发明或者实用新型的性质不适于用前款方式表达的，独立权利要求可以用其他方式撰写。

（二）从属权利要求的撰写模式

发明或者实用新型的从属权利要求应当包括引用部分和限定部分，引用部分应写明引用的权利要求的编号及其主题名称；限定部分应写明发明或者实用新型附加的技术特征。

案例 10-1

1. 一种简易静音鼠标，包括鼠标主控制器，其特征在于：还包括设置在壳体内部的 PCB 板和按键控制器，以及壳体上安装的电容触摸按键。

2. 根据权利要求 1 所述的一种简易静音鼠标，其特征在于：所述电容触摸按键以 IO 端口与按键控制器中四个定时器相连。

二、权利要求的撰写规定

（一）权利要求书撰写的一般规范

权利要求书的撰写应当符合下列要求：

（1）权利要求书应当记载发明或者实用新型的技术特征。

（2）权利要求书有几项权利要求的，应当用阿拉伯数字顺序编号。

（3）权利要求书中使用的科技术语应当与说明书中使用的科技术语一致，可以有化学式或者数学式，但是不得有插图。除绝对必要的外，不得使用"如说明书……部分所述"或者"如图……所示"的用语。

（4）权利要求中的技术特征可以引用说明书附图中相应的标记，该标记应当放在相应的技术特征后并置于括号内，便于理解权利要求。附图标记不得解释为对权利要求的限制。

（二）独立权利要求的撰写规定

除根据以上模式撰写独立权利要求之外，独立权利要求还应符合以下实质性要求。

（1）独立权利要求的前序部分中，发明或者实用新型主题与最接近的现有技术共有的必要技术特征，是指要求保护的发明或者实用新型技术方案与最接近的一份现有技术文件中所共有的技术特征。

（2）独立权利要求的前序部分中，除写明要求保护的发明或者实用新型技术方案的主题名称外，仅需写明那些与发明或实用新型技术方案密切相关的、共有的必要技术特征。

在撰写独立权利要求时，采用分两部分撰写的目的，在于使公众更清楚地看出独立权利要求的全部技术特征中哪些是发明或者实用新型与最接近的现有技术所共有的技术特征，哪些是发明或者实用新型区别于最接近的现有技术的特征。

（4）独立权利要求所限定的技术方案应当以说明书为依据。

在撰写独立权利要求时，要满足以下两点：第一，独立权利要求的全部技术特征应包含在说明书的具体实施方式中。第二，独立权利要求描述的技术方案应记载在说明书中。

（三）从属权利要求的撰写规定

根据《专利法实施细则》第 25 条第 1 款的规定，发明或者实用新型的从属权利要求应当包括引用部分和限定部分，按照下列规定撰写。

（1）引用部分：写明引用的权利要求的编号及其主题名称；

（2）限定部分：写明发明或者实用新型附加的技术特征。

从属权利要求只能引用在前的权利要求。引用两项以上权利要求的多项从属权利要求只能以择一方式引用在前的权利要求，并不得作为被另一项多项从属权利要求引用的基础，即在后的多项从属权利要求不得引用在前的多项从属权利要求。

从属权利要求的引用部分应当写明引用的权利要求的编号，其后应当重述引用的权利要求的主题名称。例如，一项从属权利要求的引用部分应当写成"根据权利要求 1 所述的金属纤维拉拔装置，……"。

多项从属权利要求是指引用两项以上权利要求的从属权利要求，多项从属权利要求的引用方式，包括引用在前的独立权利要求和从属权利要求，以及引用在前的几项从属权利要求。

当从属权利要求是多项从属权利要求时，其引用的权利要求的编号应当用"或"或者其他与"或"同义的择一引用方式表达。例如，从属权利要求的引用部分写成下列方式："根据权利要求 1 或 2 所述的……"；"根据权利要求 2、4、6 或 8 所述的……"；或者"根据权利要求 4 至 9 中任一权利要求所述的……"。

一项引用两项以上权利要求的多项从属权利要求不得作为另一项多项从属权利要求的引用基础。例如，权利要求 3 为"根据权利要求 1 或 2 所述的摄像机调焦装置，……"，如果多项从属权利要求 4 写成"根据权利要求 1、2 或 3 所述的摄像机调焦装置，……"，则是不允许的，因为被引用的权利要求 3 是一项多项从属权利要求。

从属权利要求的限定部分可以对在前的权利要求（独立权利要求或者从属权利要求）中的技术特征进行限定。在前的独立权利要求采用两部分撰写方式的，其后的从属权利要求不仅可以进一步限定该独立权利要求特征部分中的特征，也可以进一步限定前序部分中的特征。直接或间接从属于某一项独立权利要求的所有从属权利要求都应当写在该独立权利要求之后，另一项独立权利要求之前。

三、权利要求撰写思路及技巧

根据技术交底书进行分析及权利要求书撰写思路：

（1）了解本申请所述主体的实质，并列举所有技术特征。

（2）对此项要求保护对象所进行研究的现有技术进行分析，并找出最相近的现有技术。

（3）根据此项要求保护对象，查明要处理的技术问题和所有必需的技术特征，以便处理这一技术问题。

（4）撰写独立权利要求。

（5）撰写从属权利要求。

第三节 发明和实用新型专利
申请说明书的撰写

一、说明书概述

发明和实用新型专利申请文件中的说明书是专利申请文件中的一个重要文件，其功能是公开发明的技术内容、支持权利要求的保护范围。向专利局提交专利申请说明书是申请发明和实用新型专利的必要程序之一。专利申请说明书的主要作用是将本发明或实用新型清楚、完整地公开，以便本技术领域内的相关人员对该发明或实用新型进行细致的了解和实施。

二、说明书的构成及其撰写

说明书应当写明发明或者实用新型的名称，该名称应当与请求书中的名称一致。说明书应当包括下列内容：技术领域、背景技术、发明内容、附图说明和具体实施方式。申请人在撰写说明书时要按照上述规定的方式和顺序，并在说明书每一部分的前面写明标题。

（一）名称

《专利审查指南2023》第二部分第二章第2.2.1节指出：

发明或者实用新型的名称，应当按照以下各项要求撰写：

（1）说明书中的发明或者实用新型的名称与请求书中的名称应当一致，一般不得超过25个字，必要时可不受此限，但不得超过60个字。

（2）采用所属技术领域通用的技术术语，最好采用国际专利分类表中的技术术语，不得采用非技术术语。

（3）清楚、简要、全面地反映要求保护的发明或者实用新型的主题和类型（产品或者方法），以利于专利申请的分类，例如一件包含拉链产品和该拉链制造方法两项发明的申请，其名称应当写成"拉链及其制造方法"。

（4）不得使用人名、地名、商标、型号或者商品名称等，也不得使用商业性宣传用语。

（二）技术领域

《专利审查指南 2023》第二部分第二章第 2.2.2 节指出：

发明或者实用新型的技术领域应当是要求保护的发明或者实用新型技术方案所属或者直接应用的具体技术领域，而不是上位的或者相邻的技术领域，也不是发明或者实用新型本身。该具体的技术领域往往与发明或者实用新型在国际专利分类表中可能分入的最低位置有关。例如，一项关于挖掘机悬臂的发明，其改进之处是将背景技术中的长方形悬臂截面改为椭圆形截面。其所属技术领域可以写成"本发明涉及一种挖掘机，特别是涉及一种挖掘机悬臂"（具体的技术领域），而不宜写成"本发明涉及一种建筑机械"（上位的技术领域），也不宜写成"本发明涉及挖掘机悬臂的椭圆形截面"或者"本发明涉及一种截面为椭圆形的挖掘机悬臂"（发明本身）。

（三）背景技术

《专利审查指南 2023》第二部分第二章第 2.2.3 节指出：

发明或者实用新型说明书的背景技术部分应当写明对发明或者实用新型的理解、检索、审查有用的背景技术，并且尽可能引证反映这些背景技术的文件。尤其要引证包含发明或者实用新型权利要求书中的独立权利要求前序部分技术特征的现有技术文件，即引证与发明或者实用新型专利申请最接近的现有技术文件。说明书中引证的文件可以是专利文件，也可以是非专利文件，例如期刊、杂志、手册和书籍等。引证专利文件的，至少要写明专利文件的国别、公开号（或申请号），最好包括公开日期（或申请日期）；引证非专利文件的，要写明这些文件的标题和详细出处。

此外，在说明书的背景技术部分也应对发明的背景技术中存在的问题和缺点中还要客观地指出，但是仅限于涉及由发明或实用新型技术方案所解决的问题和不足。如果有可能，解释产生此问题和缺陷的原因以及曾经所遭遇的困难。

引证文件还应当满足以下要求：

（1）引证文件应当是公开出版物，除纸件形式外，还包括电子出版物等形式。

（2）所引证的非专利文件的公开日应当在本申请的申请日之前；所引证的专利文件的公开日不能晚于本申请的公开日。

（3）引证外国专利或非专利文件的，应当以所引证文件公布或发表时的原文所使用的文字写明引证文件的出处及相关信息，必要时给出中文译文，并将译文放置在括号内。

如果引证文件满足上述要求，则认为本申请说明书中记载了所引证文件中的内容。

（四）发明或者实用新型内容

《专利审查指南2023》第二部分第二章第2.2.4节指出：

本部分应当清楚、客观地写明以下内容：

（1）要解决的技术问题

发明或者实用新型所要解决的技术问题，是指发明或者实用新型要解决的现有技术中存在的技术问题。发明或者实用新型专利申请记载的技术方案应当能够解决这些技术问题。

发明或者实用新型所要解决的技术问题应当按照下列要求撰写：

（ⅰ）应使用正面语句，对技术问题进行直接、明确和客观的说明；

（ⅱ）说明书中列出的技术问题都要给出相应的解决技术问题的技术方案；

（ⅲ）所要解决的技术问题应当是现有技术所存在的缺陷与不足；

（ⅳ）不得采用广告宣传用语。

（2）技术方案

一件发明或者实用新型专利申请的核心是其在说明书中记载的技术方案。

专利法实施细则第二十条第一款第（三）项所说的写明发明或者实用新型解决其技术问题所采用的技术方案是指清楚、完整地描述发明或者实用新型解决其技术问题所采取的技术方案的技术特征。在技术方案这一部分，至少应反映包含全部必要技术特征的独立权利要求的技术方案，还可以给出包含其他附加技术特征的进一步改进的技术方案。

说明书中记载的这些技术方案应当与权利要求所限定的相应技术方案的表述相一致。

一般情况下，说明书技术方案部分首先应当写明独立权利要求的技术方案，其用语应当与独立权利要求的用语相应或者相同，以发明或者实用新型必要技术特征总和的形式阐明其实质，必要时，说明必要技术特征总和与发明或者实用新型效果之间的关系。

然后，可以通过对该发明或者实用新型的附加技术特征的描述，反映对其作进一步改进的从属权利要求的技术方案。如果一件申请中有几项发明或者几项实用新型，应当说明每项发明或者实用新型的技术方案。

（3）有益效果

说明书应当清楚、客观地写明发明或者实用新型与现有技术相比所具有的有益效果。

有益效果是指由构成发明或者实用新型的技术特征直接带来的，或者是由所述的技术特征必然产生的技术效果。

有益效果是确定发明是否具有"显著的进步"，实用新型是否具有"进步"的重要依据。

通常，有益效果可以由产率、质量、精度和效率的提高，能耗、原材料、工序的节省，加工、操作、控制、使用的简便，环境污染的治理或者根治，以及有用性能的出现等方面反映出来。

有益效果可以通过对发明或者实用新型结构特点的分析和理论说明相结合，或者通过列出实验数据的方式予以说明，不得只断言发明或者实用新型具有有益的效果。

但是，无论用哪种方式说明有益效果，都应当与现有技术进行比较，指出发明或者实用新型与现有技术的区别。

机械、电气领域中的发明或者实用新型的有益效果，在某些情况下，可以结合发明或者实用新型的结构特征和作用方式进行说明。但是，化学领域中的发明，在大多数情况下，不适于用这种方式说明发明的有益效果，而是借助于实验数据来说明。

对于目前尚无可取的测量方法而不得不依赖于人的感官判断的，例如味道、气味等，可以采用统计方法表示的实验结果来说明有益效果。

在引用实验数据说明有益效果时，应当给出必要的实验条件和方法。

（五）　附图说明

《专利审查指南2023》第二部分第二章第2.2.5节指出：

说明书有附图的，应当写明各幅附图的图名，并且对图示的内容作简要说明。在零部件较多的情况下，允许用列表的方式对附图中具体零部件名称列表说明。

附图不止一幅的，应当对所有附图作出图面说明。

例如，一件发明名称为"燃煤锅炉节能装置"的专利申请，其说明书包括四幅附图，这些附图的图面说明如下：

图1是燃煤锅炉节能的主视图；

图2是图1所示节能装置的侧视图；

图3是图2中的A向视图；

图4是沿图1中B—B线的剖视图。

（六）　具体实施方式

《专利审查指南（2023）》第二部分第二章第2.2.6节指出：

实现发明或者实用新型的优选的具体实施方式是说明书的重要组成部分，它对于充分公开、理解和实现发明或者实用新型，支持和解释权利要求都是极为重要的。因此，说明书应当详细描述申请人认为实现发明或者实用新型的优选的具体实施方式。在适当情况下，应当举例说明；有附图的，应当对照附图进行说明。

优选的具体实施方式应当体现申请中解决技术问题所采用的技术方案，并应当对权利要求的技术特征给予详细说明，以支持权利要求。

对优选的具体实施方式的描述应当详细，使发明或者实用新型所属技术领域的技术人员能够实现该发明或者实用新型。

实施例是对发明或者实用新型的优选的具体实施方式的举例说明。实施例的数量应当根据发明或者实用新型的性质、所属技术领域、现有技术状况以及要求保护的范围来确定。

当一个实施例足以支持权利要求所概括的技术方案时，说明书中可以只给出一个实施例。当权利要求（尤其是独立权利要求）覆盖的保护范围较宽，其概括不能从一个实施例中找到依据时，应当给出至少两个不同实施例，以支持要求保护的范围。当权利要求相对于背景技术的改进涉及数值范围时，通常应给出两端值附近（最好是两端值）的实施例，当数值范围较宽时，还应当给出至少一个中间值的实施例。

在发明或者实用新型技术方案比较简单的情况下，如果说明书涉及技术方案的部分已经就发明或者实用新型专利申请所要求保护的主题作出了清楚、完整的说明，说明书就不必在涉及具体实施方式部分再作重复说明。

对于产品的发明或者实用新型，实施方式或者实施例应当描述产品的机械构成、电路构成或者化学成分，说明组成产品的各部分之间的相互关系。对于可动作的产品，只描述其构成不能使所属技术领域的技术人员理解和实现发明或者实用新型时，还应当说明其动作过程或者操作步骤。

对于方法的发明，应当写明其步骤，包括可以用不同的参数或者参数范围表示的工艺条件。

在具体实施方式部分，对最接近的现有技术或者发明或实用新型与最接近的现有技术共有的技术特征，一般来说可以不作详细的描述，但对发明或者实用新型区别于现有技术的技术特征以及从属权利要求中的附加技术特征应当足够详细地描述，以所属技术领域的技术人员能够实现该技术方案为准。应当注意的是，为了方便专利审查，也为了帮助公众更直接地理解发明或者实用新型，对于那些就满足专利法第二十六条第三款的要求而言必不可少的内容，不能采用引证其他文件的方式撰写，而应当将其具体内容写入说明书。

对照附图描述发明或者实用新型的优选的具体实施方式时，使用的附图标记或者符号应当与附图中所示的一致，并放在相应的技术名称的后面，不加括号。例如，对涉及电路连接的说明，可以写成"电阻3通过三极管4的集电极与电容5相连接"，不得写成"3通过4与5连接"。

（七）　说明书附图

《专利审查指南 2023》第二部分第二章第 2.3 节指出：

附图是说明书中的一部分，通过图示说明可使技术人员直观、形象地理解本发明和实用新型的各个技术特点及总体技术方案。关于说明书附图，主要有以下要求：

（1）实用新型专利申请的说明书必须有附图。

（2）一件专利申请有多幅附图时，在用于表示同一实施方式的各幅图中，表示同一组成部分（同一技术特征或者同一对象）的附图标记应当一致。说明书中与附图中使用的相同的附图标记应当表示同一组成部分。说明书文字部分中未提及的附图标记不得在附图中出现，附图中未出现的附图标记也不得在说明书文字部分中提及。

（3）附图中除了必需的词语外，不应当含有其他的注释；但对于流程图、框图一类的附图，应当在其框内给出必要的文字或符号。

三、发明和实用新型专利申请说明书的撰写要求

《专利审查指南 2023》第二部分第二章第 2 节指出："专利法第二十六条第三款规定，说明书应当对发明或者实用新型做出清楚、完整的说明，以所属技术领域的技术人员能够实现为准。"

（一）说明书撰写的一般要求

1. 清楚

（1）主体明确。说明书应当从现有技术出发，明确地反映出发明或者实用新型想要做什么和如何去做，使所属技术领域的技术人员能够确切地理解该发明或者实用新型要求保护的主题。换句话说，说明书应当写明发明或者实用新型所要解决的技术问题以及解决其技术问题采用的技术方案，并对照现有技术写明发明或者实用新型的有益效果。上述技术问题、技术方案和有益效果应当相互适应，不得出现相互矛盾或不相关联的情形。

（2）表述准确。说明书应当使用发明或者实用新型所属技术领域的技术术语。说明书的表述应当准确地表达发明或者实用新型的技术内容，不

得含糊不清或者模棱两可，以致所属技术领域的技术人员不能清楚、正确地理解该发明或者实用新型。

2. 完整

完整的说明书应当包括有关理解、实现发明或者实用新型所需的全部技术内容。

一份完整的说明书应当包含下列各项内容：

（1）帮助理解发明或者实用新型不可缺少的内容。例如，有关所属技术领域、背景技术状况的描述以及说明书有附图时的附图说明等。

（2）确定发明或者实用新型具有新颖性、创造性和实用性所需的内容。例如，发明或者实用新型所要解决的技术问题，解决其技术问题采用的技术方案和发明或者实用新型的有益效果。

（3）实现发明或者实用新型所需的内容。例如，为解决发明或者实用新型的技术问题而采用的技术方案的具体实施方式。

对于克服了技术偏见的发明或者实用新型，说明书中还应当解释为什么说该发明或者实用新型克服了技术偏见，新的技术方案与技术偏见之间的差别以及为克服技术偏见所采用的技术手段。

应当指出，凡是所属技术领域的技术人员不能从现有技术中直接、唯一地得出的有关内容，均应当在说明书中描述。

3. 能够实现

所属技术领域的技术人员能够实现，是指所属技术领域的技术人员按照说明书记载的内容，就能够实现该发明或者实用新型的技术方案，解决其技术问题，并且产生预期的技术效果。

说明书应当清楚地记载发明或者实用新型的技术方案，详细地描述实现发明或者实用新型的具体实施方式，完整地公开对于理解和实现发明或者实用新型必不可少的技术内容，达到所属技术领域的技术人员能够实现该发明或者实用新型的程度。审查员如果有合理的理由质疑发明或者实用新型没有达到充分公开的要求，则应当要求申请人予以澄清。

以下各种情况由于缺乏解决技术问题的技术手段而被认为无法实现：

（1）说明书中只给出任务和/或设想，或者只表明一种愿望和/或结果，而未给出任何使所属技术领域的技术人员能够实施的技术手段；

（2）说明书中给出了技术手段，但对所属技术领域的技术人员来说，该手段是含糊不清的，根据说明书记载的内容无法具体实施；

（3）说明书中给出了技术手段，但所属技术领域的技术人员采用该手段并不能解决发明或者实用新型所要解决的技术问题；

（4）申请的主题为由多个技术手段构成的技术方案，对于其中一个技术手段，所属技术领域的技术人员按照说明书记载的内容并不能实现；

（5）说明书中给出了具体的技术方案，但未给出实验证据，而该方案又必须依赖实验结果加以证实才能成立。例如，对于已知化合物的新用途发明，通常情况下，需要在说明书中给出实验证据来证实其所述的用途以及效果，否则将无法达到能够实现的要求。

（二）说明书撰写的其他要求

说明书应当用词规范，语句清楚。即说明书的内容应当明确，无含糊不清或者前后矛盾之处，使所属技术领域的技术人员容易理解。

说明书应当使用发明或者实用新型所属技术领域的技术术语。对于自然科学名词，国家有规定的，应当采用统一的术语，国家没有规定的，可以采用所属技术领域约定俗成的术语，也可以采用鲜为人知或者最新出现的科技术语，或者直接使用外来语（中文音译或意译词），但是其含义对所属技术领域的技术人员来说必须是清楚的，不会造成理解错误；必要时可以采用自定义词，在这种情况下，应当给出明确的定义或者说明。一般来说，不应当使用在所属技术领域中具有基本含义的词汇来表示其本意之外的其他含义，以免造成误解和语义混乱。说明书中使用的技术术语与符号应当前后一致。

说明书应当使用中文，但是在不产生歧义的前提下，个别词语可以使用中文以外的其他文字。在说明书中第一次使用非中文技术名词时，应当用中文译文加以注释或者使用中文给予说明。

例如，在下述情况下可以使用非中文表述形式：

（1）本领域技术人员熟知的技术名词可以使用非中文形式表述，例如用"EPROM"表示可擦除可编程只读存储器，用"CPU"表示中央处理器；但在同一语句中连续使用非中文技术名词可能造成该语句难以理解的，则不允许。

（2）计量单位、数学符号、数学公式、各种编程语言、计算机程序、特定意义的表示符号（例如中国国家标准缩写GB）等可以使用非中文形式。此外，所引用的外国专利文献、专利申请、非专利文献的出处和名称应当使用原文，必要时给出中文译文，并将译文放置在括号内。

说明书中的计量单位应当使用国家法定计量单位，包括国际单位制计量单位和国家选定的其他计量单位。必要时可以在括号内同时标注本领域公知的其他计量单位。

说明书中无法避免使用商品名称时，其后应当注明其型号、规格、性能及制造单位。

说明书中应当避免使用注册商标来确定物质或者产品。

第四节　外观设计图片和照片的绘制及简要说明的撰写

一、外观设计专利申请文件撰写概述

《专利法》第2条第4款规定："外观设计，是指对产品的整体或者局部的形状、图案或者其结合以及色彩与形状、图案的结合所作出的富有美感并适于工业应用的新设计。"《专利法》第27条规定："申请外观设计专利的，应当提交请求书、该外观设计的图片或者照片以及对该外观设计的简要说明等文件。申请人提交的有关图片或者照片应当清楚地显示要求专利保护的产品的外观设计。"

二、外观设计图片和照片的绘制要求

根据《专利法》第27条的规定，在申请外观设计专利时，最重要的是对提交的有关图片或者照片准确、清楚地表达，以确定外观设计专利权的保护范围。

（一）对外观设计图片或照片的总体要求

《专利审查指南 2023》第一部分第三章第 4 节指出："专利法第六十四条第二款规定，外观设计专利权的保护范围以表示在图片或者照片中的该产品的外观设计为准，简要说明可以用于解释图片或者照片所表示的该产品的外观设计。专利法第二十七条第二款规定，申请人提交的有关图片或者照片应当清楚地显示要求专利保护的产品的外观设计。专利法实施细则第三十条第一款规定，申请人应当就每件外观设计产品所需要保护的内容提交有关图片或者照片。"

就立体产品的外观设计而言，产品设计要点涉及六个面的，应当提交六面正投影视图；产品设计要点仅涉及一个或几个面的，应当至少提交所涉及面的正投影视图，也可以提交立体图。使用时不容易看到或者看不到的面可以省略视图，并应当在简要说明中写明省略视图的原因。

就平面产品的外观设计而言，产品设计要点涉及一个面的，可以仅提交该面正投影视图；产品设计要点涉及两个面的，应当提交两面正投影视图。

必要时，申请人还应当提交该外观设计产品的展开图、剖视图、剖面图、放大图以及变化状态图。

此外，申请人可以提交参考图，参考图通常用于表明使用外观设计的产品的用途、使用方法或者使用场所等。

色彩包括黑白灰系列和彩色系列。对于简要说明中声明请求保护色彩的外观设计专利申请，图片的颜色应当着色牢固、不易褪色。

（二）对申请外观设计专利的图片、照片的具体要求

1. 视图名称及标注

《专利审查指南 2023》第一部分第三章第 4.2.1 节指出：

六面正投影视图的视图名称，是指主视图、后视图、左视图、右视图、俯视图和仰视图。其中主视图所对应的面应当是使用时通常朝向消费者的面或者最大程度反映产品的整体设计的面。例如，带杯把的杯子的主视图应是杯把在侧边的视图。

各视图的视图名称应当标注在相应视图的正下方。

对于成套产品，应当在其中每件产品的视图名称前以阿拉伯数字顺序编号标注，并在编号前加"套件"字样。例如，对于成套产品中的第 4 套件的俯视图，其视图名称为：套件 4 主视图。

对于同一产品的相似外观设计，应当在每个设计的视图名称前以阿拉伯数字顺序编号标注，并在编号前加"设计"字样。例如，设计 1 主视图。

对于组装关系唯一的组件产品，应当提交组合状态的产品视图；对于无组装关系或者组装关系不唯一的组件产品，应当提交各构件的视图，并在每个构件的视图名称前以阿拉伯数字顺序编号标注，并在编号前加"组件"字样。例如，对于组件产品中的第 3 组件的左视图，其视图名称为：组件 3 左视图。对于有多种变化状态的产品的外观设计，应当在其显示变化状态的视图名称后，以阿拉伯数字顺序编号标注。

2. 图片的绘制

《专利审查指南 2023》第一部分第三章第 4.2.2 节指出：

图片应当参照我国技术制图和机械制图国家标准中有关正投影关系、线条宽度以及剖切标记的规定绘制，并应当以粗细均匀的实线表达外观设计的形状。不得以阴影线、指示线、虚线、中心线、尺寸线、点划线等线条表达外观设计的形状。可以用两条平行的双点划线或自然断裂线表示细长物品的省略部分。图面上可以用指示线表示剖切位置和方向、放大部位、透明部位等，但不得有不必要的线条或标记。

图片可以使用包括计算机在内的制图工具绘制，但不得使用铅笔、蜡笔、圆珠笔绘制，也不得使用蓝图、草图、油印件。对于使用计算机绘制的外观设计图片，图面分辨率应当满足清晰的要求。

3. 照片的拍摄

（1）照片应当清晰，避免因对焦等原因导致产品的外观设计无法清楚地显示。

（2）照片背景应当单一，避免出现该外观设计产品以外的其他内容。产品和背景应有适当的明度差，以清楚地显示产品的外观设计。

（3）照片的拍摄通常应当遵循正投影规则，避免因透视产生的变形影响产品的外观设计的表达。

（4）照片应当避免因强光、反光、阴影、倒影等影响产品的外观设计的表达。

（5）照片中的产品通常应当避免包含内装物或者衬托物，但对于必须依靠的内装物或者衬托物才能清楚地显示产品的外观设计时，则允许保留内装物或者衬托物。

（三）对外观设计图片或照片的绘制要求

对于外观设计图片或照片的绘制，应避免存在以下缺陷。

（1）视图投影关系有错误，例如投影关系不符合正投影规则、视图之间的投影关系不对应或者视图方向颠倒等。

（2）外观设计图片或者照片不清晰，图片或者照片中显示的产品图形尺寸过小；或者虽然图形清晰，但因存在强光、反光、阴影、倒影、内装物或者衬托物等而影响产品外观设计的正确表达。

（3）外观设计图片中的产品绘制线条包含有应删除或者修改的阴影线、指示线、虚线、中心线、尺寸线、点划线等。

（4）表示立体产品的视图有下述情况的：

（ⅰ）各视图比例不一致；

（ⅱ）产品六个面显示不全，但下述情况除外：后视图与主视图相同或者对称时可以省略后视图；左视图与右视图相同或者对称时可以省略左视图（或者右视图）；俯视图与仰视图相同或者对称时可以省略俯视图（或者仰视图）；产品使用时不容易看到或者看不到的面，可以省略相应视图。

（5）表示平面产品的视图有下述情况的：

（ⅰ）各视图比例不一致；

（ⅱ）产品设计要点涉及两个面，而两面正投影视图不足，但后视图与主视图相同或者对称的情况以及后视图无图案的情况除外。

（6）细长物品例如量尺、型材等，绘图时省略了中间一段长度，但没有使用两条平行的双点划线或者自然断裂线断开的画法。

（7）剖视图或者剖面图的剖面及剖切处的表示有下述情况的：

（ⅰ）缺少剖面线或者剖面线不完全；

（ⅱ）表示剖切位置的剖切位置线、符号及方向不全或者缺少上述内容

(但可不给出表示从中心位置处剖切的标记)。

(8) 有局部放大图,但在有关视图中没有标出放大部位的。

(9) 组装关系唯一的组件产品缺少组合状态的视图;无组装关系或者组装关系不唯一的组件产品缺少必要的单个构件的视图。

(10) 透明产品的外观设计,外层与内层有两种以上形状、图案和色彩时,没有分别表示出来。

三、简要说明的撰写

《专利审查指南2023》第一部分第三章第4.3节指出:

根据专利法实施细则第三十一条的规定,简要说明应当包括下列内容:

(1) 外观设计产品的名称。简要说明中的产品名称应当与请求书中的产品名称一致。

(2) 外观设计产品的用途。简要说明中应当写明有助于确定产品类别的用途。对于零部件,通常还应当写明其所应用的产品,必要时写明其所应用产品的用途。对于具有多种用途的产品,简要说明应当写明所述产品的多种用途。

(3) 外观设计的设计要点。设计要点是指与现有设计相区别的产品的形状、图案及其结合,或者色彩与形状、图案的结合,或者部位。对设计要点的描述应当简明扼要。

(4) 指定一幅最能表明设计要点的图片或者照片。指定的图片或者照片用于出版专利公报。

此外,下列情形应当在简要说明中写明:

(1) 请求保护色彩或者省略视图的情况。

如果外观设计专利申请请求保护色彩,应当在简要说明中声明。

如果外观设计专利申请省略了视图,申请人通常应当写明省略视图的具体原因。

(2) 对同一产品的多项相似外观设计提出一件外观设计专利申请的,应当在简要说明中指定其中一项作为基本设计。

(3) 对于花布、壁纸等平面产品,必要时应当描述平面产品中的单元图案两方连续或者四方连续等无限定边界的情况。

（4）对于细长物品，必要时应当写明细长物品的长度并采用省略画法。

（5）如果产品的外观设计由透明材料或者具有特殊视觉效果的新材料制成，必要时应当在简要说明中写明。

（6）如果外观设计产品属于成套产品，必要时应当写明各套件所对应的产品名称。

（7）用虚线表示视图中图案设计的，必要时应当在简要说明中写明。

简要说明不得使用商业性宣传用语，也不能用来说明产品的性能和内部结构。

第五节　撰写存在问题

一、权利要求书撰写常见问题

（一）形式上的错误

（1）使用了非国家法定计量单位。例如，"50 公斤"应写成"50kg"，"15 公分"应写成"15 厘米"。

（2）错误使用科技术语及符号。例如，"km/小时"应写为"km/h"或"千米/小时"。

（3）在一项权利要求中用了两个或两个以上的句号。应删除句子中间的句号，只保留句子结尾处的一个句号，以强调其意义的不可分割性。

（4）要求保护的主题名称不清楚。例如，"一种酿醋用的漏斗及其制造方法"，应将其分开写成两个独立的权利要求，一个为"一种酿醋用的漏斗"，另一个为"一种酿醋用的漏斗的制造方法"，以此来构成两个清楚明确的保护主题。

（5）从属权利要求的引用关系错误。例如，独立权利要求的主题名称为"1. 一种酿醋用的漏斗……"，而权利要求 2 写成"2. 根据权利要求 1 所述的分流器，其特征是……"。应写成"2. 根据权利要求 1 所述的漏斗，其特征是，所述分流器……"。

(6) 涉及多项从属权利要求时运用了"和"字关联词。例如，"5. 根据权利要求 2、3 和 4 所述的漏斗"，应写成"5. 根据权利要求 2 或 3 或 4 所述的漏斗"或写成"5. 根据权利要求 2 至 4 中的任一项所述的漏斗"。

(7) 在权利要求中使用了不确定或者模棱两可的词语。例如，使用了"大概""类似""等""相似物"等。对于这些词语应当删除。

(8) 权利要求书中包括了插图或附图，应将插图或附图删去。

(二) 实质上的错误

(1) 权利要求技术特征表述不清楚。技术特征部分仅有产品的各部件名称，没有体现各部件之间的关系。例如，"一种简易安全暖壶，包括瓶胆和外皮，其特征是，它还包含一个木质长杆和铝球"，应写成"一种简易安全暖壶，包括瓶胆和外皮，其特征在于：位于瓶胆口处的所述外皮的上部与外皮分离，形成一个独立倒置的简易漏斗，简易漏斗内部设置有与瓶胆外壁紧贴的漏斗密封橡胶，外皮上部设置有与瓶胆外壁紧贴的壶口密封橡胶"。

(2) 在权利要求中写入了原因、理由等词语。例如，"为了加强漏斗的除磁效果，所示除磁器为多个电磁磁条构成"，应写成"所述除磁器为多个电磁磁条构成"。

(3) 在独立权利要求中写入了一些非必要的技术特征，导致权利保护范围十分狭窄。假设发明电动汽车之前的现有技术中，只有燃油汽车。电动汽车发明人在独立权利要求中，不仅写电瓶、电动发动机、电量转换器等必要技术特征，而且还写入了后备箱、前车大灯、天窗等非必要技术特征。例如，没有天窗的电动汽车，便可能不构成侵权。因此，在起草权利要求时，必须仔细解剖发明的内容，确定发明的目的，对于一些非必要技术特征可根据影响力大小将其放入从属权利要求或者不写入权利要求中。

(4) 把不符合单一性的两个技术主题写在一件专利申请案中。例如，将一种酿醋漏斗及电动汽车合案申请，应将其分案申请。

(5) 独立权利要求缺少必要的技术特征，未能构成完整的技术方案。例如，"一种多功能电暖手宝，包括外壳体 (2)，内壳体 (8) 上设置有按钮 (7) 和指示灯 (b) 还有插口 (c)，其特征在于：所属的内壳体 (8) 内可以注入热水。"该独立权利要求缺少了必要的技术特征,达不到电发热的目的,因此应该增加"能通过插口放电"这一必要技术特征。

(6)权利要求书的内容得不到说明书的支持。例如,权利要求中采用上位概念的技术特征,但说明书中没有足够的实施例给予支持。

(7)把发明的目的、功能、效果等作为技术特征写入权利要求书中。例如,一位发明人巧妙地利用漏斗的原理将其与酿醋技术结合,发明了一种新型酿醋漏斗。写出的独立权利要求是:"一种新型酿醋漏斗,其特征是,在酿醋时可以不再需要人工进行二次筛选,大大降低了成本,可以迅速过滤残渣。"在该权利要求中,描述的是发明的目的和效果,丝毫没有涉及为实现此发明目的的必要技术特征。因此,这样的权利要求书是不能被批准的。

(三)权利要求书撰写中的注意事项

(1)权利要求书应该清楚、简要地限定说明书中所描述的发明的技术特征。

所谓清楚,一是指每一项权利要求应当清楚,二是指构成权利要求书的所有权利要求作为一个整体也应当清楚。首先,每项权利要求的类型应当清楚。权利要求的主题名称应当能够清楚地表明该权利要求的类型是产品权利要求还是方法权利要求。不允许采用模糊不清的主题名称,例如,"一种……技术",或者在一项权利要求的主题名称中既包含有产品又包含有方法,例如,"一种……产品及其制造方法"。另一方面,权利要求的主题名称还应当与权利要求的技术内容相适应。产品权利要求适用于产品发明或者实用新型,通常应当用产品的结构特征来描述。方法权利要求适用于方法发明,通常应当用工艺过程、操作条件、步骤或者流程等技术特征来描述。用途权利要求属于方法权利要求。其次,每项权利要求所确定的保护范围应当清楚。权利要求的保护范围应当根据其所用词语的含义来理解。一般情况下,权利要求中的用词应当理解为相关技术领域通常具有的含义。在特定情况下,如果说明书中指明了某词具有特定的含义,并且使用了该词的权利要求的保护范围由于说明书中对该词的说明而被限定得足够清楚,这种情况也是允许的。但此时也应要求申请人尽可能修改权利要求，使得根据权利要求的表述即可明确其含义。

所谓简要，一是指每一项权利要求应当简要，二是指构成权利要求书的所有权利要求作为一个整体也应当简要。例如，一件专利申请中不得出现两项或两项以上保护范围实质上相同的同类权利要求。权利要求的数目应当合理。在权利要求书中，允许有合理数量的限定发明或者实用新型优选技术方案的从属权利要求。权利要求的表述应当简要，除记载技术特征外，不得对原因或者理由作不必要的描述，也不得使用商业性宣传用语。为避免权利要求之间相同内容的不必要重复，在可能的情况下，权利要求应尽量采取引用在前权利要求的方式撰写。

（2）独立权利要求中不应该写入非必要技术特征，以避免专利保护范围过窄。

（3）撰写权利要求，尤其是独立权利要求时，应当善于恰如其分地选用一般性概念用语或上位概括用语。

（4）权利要求书中使用的技术术语应与说明书中使用的一致。

（5）在机械领域的权利要求中应尽量避免写入功能特征、效果特征等，以免表述不清楚。但在电路产品的权利要求中，允许写入功能特征，因为它往往起限定作用，使技术特征更明确。

（6）在权利要求中尽量避免使用括号作为解释用语。

（7）在权利要求中如引用附图标记，必须使用括号。

（8）从属权利要求的引用关系要正确，多项权利要求不得作为另一项多项权利要求的引用基础。

二、说明书撰写常见问题

（一）发明创造名称

名称类型未能明确定位，造成模糊不清的现象。如"新型酿醋技术"，这个名称没有写清楚此发明是产品还是方法，是常见的错误书写。应写成"新型酿醋工艺方法"或"新型酿醋的装置"或"新型酿醋的装置及其工艺方法"。

将非必要技术特征写入名称中，例如，"B-5型商用滴滴打卡系统"，应写为"商用打卡系统"。

（二）技术领域

上位的技术领域应用错误。例如，发明创造的技术主题是"挖掘机横臂装置"，而将技术领域写成了"本发明涉及建筑机械领域"，可写为"本发明涉及一种应用于建筑机械的挖掘机横臂装置"。

（三）背景技术

将与人身攻击相关的词语写入背景技术中。例如，"现有技术表明，设计人在智能网联汽车通信技术设计上的无知愚蠢，其定位系统设计完全没有道理，技术远远落后于当前发展"。

（四）发明所要解决的技术问题

在需要解决的技术问题这一方面加入广告式宣传用语。例如，"设计理念超强，前无古人后无来者，值得信赖"，对于这部分内容应将其删除。

（五）附图说明

说明书中的多幅附图没有按顺序编排，且错误使用标记类型。例如附图的图号使用了中文数字"图五"，应将其写成"图5"。

（六）具体实施方式

在实施例中涉及数值时，只给出了一定的范围。例如，"实例3：糖60到80克、盐6到8克、鸡精12到16克，……"，对于这样的书写其正确的书写方式是要给出具体的数值，应写成"糖65克、盐7克、鸡精15克，……"。

三、外观设计申请文件撰写常见问题

在外观设计申请文件的撰写中，以下问题是需要注意的。

（一）发明创造的名称

发明创造名称中最经常出现的问题有以下几种类型。

（1）将人名、商标名作为产品的名称。例如，使用"张三漏斗""康师傅冰棍"等是错误的产品名称使用。

（2）在产品名称中出现有关产品构造、功能、作用效果等词语。例如，使用"遮阳眼镜""反光帽子"等作为产品名称。

（3）产品名称中带有产品规格、型号、数量等。

（4）以产品的形状、色彩、材料等命名产品名称。例如，"铁质漏斗""透明手机壳"等。

（二）图片和照片

图片和照片绘制中经常出现的问题包括：

（1）"图片或照片"文件的使用方法不对。如果横向使用图片或照片，应当将图片或照片的顶部置于装订线一侧。

（2）视图投影关系存在误差，如投影关系不符合正投影规则、视图之间投影关系不一致、视图方向相反等。

（3）外观设计图片或者照片不清晰，图片或者照片中显示的产品图形尺寸过小；或由于存在强光、反光、倒影、内装物、托物等因素而影响到产品的外观设计。

（4）外观设计图片中的产品绘制线条包含应删除或修改的线条，如视图中的阴影线、指示线、虚线、中心线、尺寸线、点画线等。

（三）简要说明

在简要说明中，对产品的功能、优点、效益和使用方法描述过多，或者出现宣传性、广告性词语等。

第十一章　审查意见答复方法与技巧

第一节　对审查意见通知书的答复

在实质审查阶段，绝大部分的发明专利申请，审查员都会向申请人发出审查意见通知书。如果专利代理师或申请人能够为审查意见通知书出具具有说服力的意见陈述书，并对其进行修改，那么就可以使其申请在很短的时间内获得批准，从而极大地缩短实质审查过程。专利代理师在接到审查意见通知书后，在规定的时限内提出意见和/或对专利申请文件进行修改，期间的专利代理工作主要有以下五项内容：阅读审查意见通知书、对审查意见通知书进行分析、向委托人转达审查意见、专利申请文件的修改、写意见陈述书。

一、审查意见通知书的内容和格式

审查意见通知书由标准表格形式的扉页和审查意见通知书正文两部分组成。审查意见通知书扉页中列出审查意见通知书次数、实质审查依据的文本、引用的对比文件、对权利要求的结论性意见（审查权利要求所依据的《专利法》及其实施细则的条款）、对说明书的结论性意见（审查说明书所依据的《专利法》及其实施细则的条款）、审查员的倾向性结论意见、答复期限等。此外，审查意见通知书扉页还列出申请人名称或者姓名、专利代理师姓名、专利申请号、发明名称、通知书发文日、审查部门、审查员姓名、优先权核实情况、通知书的附件等。

通知书正文部分与通知书页的结论性意见相对应，对权利要求书和说明书的实质问题和形式问题进行评价，指出其不符合《专利法》及其实施细则有关规定之处，有时还给出对专利申请文件修改的建议。

二、审查意见通知书的答复步骤及方法

(一) 确定审查员的倾向性意见

在对审查意见通知书正文内容研究之前，应先从其扉页表格的内容判断审查员的倾向性意见。审查意见通知书的扉页表格中，有一栏的内容为结论性意见，审查员认为：

(1) 申请人应按本通知书主体所述之条款，对所申请材料做出适当的变更。

(2) 申请人在提交意见时，应阐明其申请专利授权的原因，并对通知书正文中的错误进行修正，否则，将不能被授予专利权。

(3) 专利申请中没有包含可授予专利权的任何实质性内容，如果申请人没有提供合理的原因或说明理由，其申请将被驳回。

因此，审查员的倾向性意见分为以下三类。

(1) 肯定性结论。审查员发现，本发明的专利申请在实体方面与《专利法》及其实施细则的相关条款相一致，仅有申请文件的形式问题，只要对其进行必要的修改，即可获得专利。

(2) 不定性结论。审查人员发现，在本发明的专利申请中有一些实质性的问题，如新颖性、创造性的问题，但是，对于本发明的申请，最后的意见依赖于申请人的意见陈述和对该申请的修改。在申请人意见陈述和/或修改申请后，审查人员认定该申请符合《专利法》及其实施细则的相关条款，审查机构将做出授予专利权的决定，否则，将不予受理。

(3) 否定性结论。审查人员认为，在专利申请中，没有任何实质性的内容可以被授予，而且在修改和陈述意见后，也不太可能被授予。

明确审查员的倾向性意见之后，就可以确定陈述意见和修改申请文件

的大致方向和内容。进一步，还应当核实审查意见通知书"审查的结论性意见"部分的内容，找出审查意见通知书的法律依据，确定权利要求或者说明书不符合《专利法》或者《专利法实施细则》的哪些规定。

此后，还应当核实审查意见通知书表格的其他项目，如优先权信息的记载是否正确，对比文件的公开日期是否在本申请的申请日或者优先权日之前，审查所依据的文本是否正确。

（二）研究审查意见通知书正文的内容

在确认了审查员的意见后，应当对审查意见通知书的正文内容进行分析、研究。这是为申请人提供分析意见、撰写意见陈述书、修改申请文件的重要基础。审查意见通知书正文是审查员审查发明专利申请的结果，它反映了审查员对发明专利申请在实质和形式上的看法。因此，代理人应对审查意见通知书的主体进行全面分析，不仅要充分注意审查人员提出的新颖性、创造性、实用性等实质性问题，还要充分注意审核者所提出的申请材料中的形式问题，以便为提交一份完整的意见陈述做好准备。如果审查员引用了对比文件，应当结合审查员在评价权利要求的新颖性和创造性时对该对比文件的分析，研究对比文件相关部分的内容或者全部内容，以明确该对比文件的引用是否合适，对比文件与本发明相比的异同点。

如果审查人员没有就一项权利要求提供关于新颖性和创新性的评价，那么这一权利要求是与《专利法》及其实施细则相一致的，可以授予专利权。概括而言，代理人收到的审查意见通知书主要有下列几种。

（1）没有提供对比文件或即使有对比文件，其也不会影响到申请的新颖性和创造性，只要经过修改，弥补部分不足，那么专利申请就会被授权。

（2）尽管没有提供相关的对比文件，但是审查员指出，申请材料的披露不够充分，并且认为专利申请没有被批准的可能性。

（3）尽管有对比文件，但对比文件没有很好的针对性，审查员在没有充分了解该申请与对比文件区别的情况下就指出该申请不具备创造性而难以获得批准的初步意见。

（4）审查意见不但提供了有针对性的对比文件，还根据对比文件对申请的各项权利要求逐一进行了评价，并在结论意见中表示，如果申请人没有足够的证据证明所述专利申请是可授权的，则将予以拒绝。

（5）审查意见认为，申请材料中的格式问题比较大，并且存在部分实质问题，虽然提供了对比文件，但并没有就专利申请的创造性作出评论，要求专利代理师修改专利申请文献并就专利审查意见进行答复，如果修改及答复不能解决现存的不足，将予以拒绝。

（三）理解审查意见

《专利审查指南 2023》第二部分第八章第 4.7 节指出，为节约程序，审查员通常应当在发出第一次审查意见通知书之前对专利申请进行全面审查，即审查申请是否符合《专利法》及其实施细则有关实质方面和形式方面的一切规定。此外，根据《专利审查指南 2023》第二部分第八章第 4.10 节的规定，审查员的审查意见应当"明确、具体"，即应当使申请人能够清楚地了解其申请存在的问题。《专利审查指南》规定，审查报告必须有充分的理由，有清楚的结论，并引述《专利法》及其实施细则的有关规定，如有需要，可以提出修改建议。如果有可能获得批准，审查员应在首次审查意见通知书中注明对申请的实质内容和形式内容的所有看法。

不过，应当指出的是，审查员若认定一项专利申请因不符合《专利法》及其实施细则中的规定而不具有任何授权的前景，那么就可以不对该申请进行充分的审查。

在审查意见通知书中，审查员有时会把他们觉得不确定的问题交给申请人，因为他们不是所有专利领域的专家，而且他们对某些技术和法律问题的了解也不是绝对正确的，有时候还得与专利代理师商谈。讨论的内容可以包括说明书是否清楚地描述发明，使用的技术术语是否规范，说明书是否充分公开发明，是否准确描述现有技术，是否解释了权利要求，甚至包括新颖和创造性的权利要求。为保证审查结果的公正和合理，审查员有时会向申请人发出意见通知书，要求其答复或说明特定的问题。这就需要专利代理师仔细阅读审查意见，理解审查员的意图，并做出有针对性的回复。

因此，对于不同类型的审查意见通知书，应当视具体情况进行不同的处理。专利代理师应当根据发明的内容、审查员引用的对比文件及审查意见通知书表格中审查员所填写的有关内容，正确理解审查意见，制定相应的修改文件和陈述意见的方案。

如果仔细研究审查意见通知书后尚不能正确理解审查员的意见，例如审查意见通知书的文字表达不够清楚或者通知书中所引用的法律条款不正确，最好在书面答复之前，与审查员通过电话进行讨论，以便明确查员在意见通知书中的本意。

审查意见通知书的内容和形式有多种。因此，专利代理师应当通过长期的实践，掌握对不同形式和内容的审查意见的理解和处理方法。

（四）确定应当采取的对策

在对审查意见通知书的审查意见进行准确的了解之后，应当对审查意见进行进一步的分析，以便在向委托人转交审查意见通知书时提出合适的建议。若申请人认定其审查意见是正确的，应说服申请人对其进行修订；如果在审查意见通知书中的一些观点是错误的或者不完全正确，那么可以就怎样寻求更好的保护来征求申请人的意见。

（五）向委托人转达审查意见

在理解及分析审查意见通知书之后，专利代理师应当起草审查意见通知书转达报告。报告不仅要解释审查意见通知书涉及的《专利法》《专利法实施细则》及《专利审查指南2023》的有关规定，还要给出具体的答复审查意见通知书的建议方案，包括如何陈述意见、如何修改说明书、如何修改权利要求书等，以便根据转达报告就可以撰写出意见陈述书，形成修改文件的替换页。

（六）答复审查意见通知书

在理解审查意见通知书、转达审查意见通知书、接收委托人的答复指示之后，专利代理师应当根据审查意见通知书和委托人指示的内容，撰写意见陈述书，必要时，还要准备申请文件的修改替换页，并在期限之内将意见陈述和修改文件递交国家知识产权局。

意见陈述书包括扉页、意见陈述书正文和修改文件替换。意见陈述书的扉页应当采用国家知识产权局规定格式的表格。

对答复审查意见通知书的答复应当全面。可以按照顺序对审查意见进行逐条答复。这样做可以防止遗漏审查意见，同时也便于后续审查员进行对照审查。

意见陈述书应当使用适当的格式，包括开始部分、主体部分和结束部分。

1. 开始部分

开始部分应当写明专利申请的申请号、审查意见通知书的发文日、国家知识产权局实质审查部的编号等便于区别本案的意见陈述书与他案的意见陈述书的足够信息。

开始部分应该更清楚地说明主体部分的内容，比如对文档的修改，特别是对权利要求的修改，以便审查人员在阅读开头时，就能大致了解主体部分的要点，并在阅读正文部分前，对申请者的主旨有一个基本的认识。

2. 主体部分

在正文部分，应详细解释申请文件的变更，包括所涉及的页、段、行编号、修改之前的内容以及修订后的内容。在叙述修正时，最好先引述审查人员所指出的主要问题和形式问题，并明确所作的改动，以及关于实质性问题为何能够克服以上不足的原因。

主体部分对于申请的实质问题，应当逐一回复，不得有任何疏漏。

最后一节的内容应与主体部分的内容一致，对本次意见陈述书的主要观点及修订的内容进行概括，以便审查人员明确申请人的结论性意见。

3. 结束部分

在结束部分，应以简明扼要的方式总结核心诉求，并体现专业性与规范性。其内容通常包含以下要素。

①重申结论：基于主体部分的技术比对与法律分析，明确强调申请方案相对于现有技术的创造性、新颖性和实用性。

②明确请求：直接表达对审查结果的期望，例如"恳请审查员充分考虑本陈述意见，撤销驳回决定/认可修改后的权利要求并授予专利权"。

③开放协商：保留进一步沟通的可能性，表达申请人愿意配合审查员对技术细节或权利要求表述进行补充说明及适应性修改。

④礼节性收尾：以正式措辞结束，感谢对本申请的审慎审查，并表达期待得到积极反馈。

此部分需避免引入新论点，而应聚焦于强化逻辑闭环，同时体现申请人对审查程序的尊重及对专利授权合规性的充分信心。

三、缺乏新颖性审查意见的答复思路

（1）核实对比文件的申请日、公开日，核实对比文件从时间上是否构成现有技术或者抵触申请。

（2）核实审查员评述新颖性提及的全部技术特征是否记载在对比文件的一个技术方案里。

（3）核实对比文件是否公开了本申请权利要求的全部技术特征，或者如果对比文件没有公开全部技术特征，那么区别技术特征是否属于本领域惯用手段的直接置换；核实对比文件与本申请的技术方案是否属于相同的技术领域，能够解决相同的技术问题，并达到相同或相似的技术效果。

四、缺乏创造性审查意见的答复

"三步法"答复思路：确定区别技术特征、实际解决的技术问题、区别技术特征是否非显而易见。

首先，要论述本专利为什么与最接近的现有技术（对比文件1）相比有这些区别技术特征；如果修改后的独立权利要求修改增加了技术特征，也要论述对比文件1为什么没有公开增加的技术特征。

其次，要指出审查意见中认定错误的技术特征。除了要论述某些数据特征不同外，建议更多地从技术手段存在的差异点这个角度论述区别；如果跟对比文件1相差甚远，解决的技术问题都不同，也可以结合技术问题不同来论述区别。

五、权利要求书没有得到说明书的支持的答复

仔细阅读说明书和权利要求书，判断权利要求书是否得到说明书支持，若得不到支持，则根据说明书修改权利要求书，缩小权利要求书的保护范围。

第二节 对专利申请文件的修改

一、修改的范围

《专利法》第 33 条规定："申请人可以对其专利申请文件进行修改，但是，对发明和实用新型专利申请文件的修改不得超出原说明书和权利要求书记载的范围，对外观设计专利申请文件的修改不得超出原图片或者照片表示的范围。"

《专利法实施细则》第 57 条第 3 款规定："在答复审查意见通知书时，对申请文件进行修改的，应当针对通知书指出的缺陷进行修改，如果修改的方式不符合专利法实施细则第五十七条第三款的规定，则这样的修改文本一般不予接受。"

二、修改的方式

（一）对权利要求书的修改

（1）通过增加或变更独立权利要求的技术特征，或者通过变更独立权利要求的主题类型或主题名称及其相应的技术特征来改变该独立权利要求请求保护的范围。

（2）增加或者删除一项或多项权利要求。修改独立权利要求，使其相对于最接近的现有技术重新划界；修改从属权利要求的引用部分，改正其引用关系，或者修改从属权利要求的限定部分，以清楚地限定该从属权利要求请求保护的范围；只要经修改后的权利要求的技术方案已清楚地记载在原说明书和权利要求书中，就应该允许。

尽量完全使用申请文件中原始记载的内容；通常只修改权利要求，不要修改说明书；如果不是申请文件中原始记载的内容，修改说明中要详细说明是根据哪些内容可以直接、毫无异议地得出的。

（二）对说明书及其摘要的修改

对于说明书的修改，主要有两种情况：一种是针对说明书中本身存在的不符合《专利法》及其实施细则规定的缺陷作出的修改；另一种是根据修改后的权利要求书作出的适应性修改。只要不超范围，都是允许的。